Hel... D...



Zu Deinem

Geburtstag

alles, alles Liebe

von Deiner Anne!

20. Dezember '01

Margaret Fishback Powers (Hrsg.)

# *Wo du nur eine Spur gesehen hast, da habe ich dich getragen*

## Spuren im Sand – Spuren in meinem Leben

Leserinnen und Leser aus aller Welt berichten

BRUNNEN
VERLAG GIESSEN · BASEL

ABCteam-Bücher erscheinen in folgenden Verlagen:
Aussaat Verlag Neukirchen-Vluyn
R. Brockhaus Verlag Wuppertal und Zürich
Brunnen Verlag Gießen und Basel
Christliches Verlagshaus Stuttgart
Oncken Verlag Wuppertal und Kassel

Titel der englischen Originalausgabe: Friends of Footprints.
How Footprints has left its imprint on readers around the world.
Herausgegeben von HarperCollinsPublishers Ltd., Toronto, Kanada.


Aus dem Englischen von Renate Puchtler
Lektorat: Eva-Maria Busch



3. Auflage 1999


Umschlagfoto: Creativ Collection Bild, Freiburg
Umschlaggestaltung: Ralf Simon
Satz: DTP Brunnen
Druck: Ebner Ulm
ISBN 3-7655-1623-6

## *Wie das Gedicht „Spuren im Sand“ entstanden ist*

Es beginnt mit einem Heiratsantrag. „Ich liebe dich, Margaret“, sagt Paul Powers zu seiner Freundin, „und ich möchte dich so bald wie möglich heiraten!“ Aber Margaret hat noch Bedenken, zu viele Enttäuschungen mußte sie in letzter Zeit durchleben.

Während eines langen Strandspaziergangs versuchen die beiden ihre Gefühle zu klären. Schließlich blicken sie zurück auf die Spuren, die ihre Füße im feuchten Sand hinterlassen haben. An vielen Stellen ist nur noch eine Spur zu sehen, weil die heranrollenden Wellen den Sand weggespült haben.

„Siehst du?“ versichert Paul eifrig, „wenn wir heiraten, werden wir beide eins werden. Wie ich mich darauf freue, mit dir gemeinsam durchs Leben zu gehen!“

Margaret ist immer noch unsicher. „Und wenn es Schwierigkeiten gibt? Wenn unsere Träume weggewischt werden – so wie die Spuren im Sand?“

„Dann wird Gott uns tragen.“

In der folgenden Nacht kann Margaret einfach keinen Schlaf finden. Der Spaziergang vom Nachmittag und Pauls Worte gehen ihr nicht aus dem Sinn. Immer wenn sie die Augen schließt, sieht sie die Spuren am Strand vor sich. Da tastet sie im Dunkeln nach Notizbuch, Kugelschreiber und Taschenlampe – und beginnt zu schreiben.

Blitzartig tauchen vor ihrem inneren Auge Bilder aus der Vergangenheit auf. „Gott hat mich immer auf meinem Lebensweg begleitet“, das wird Margaret im Rückblick klar. „Und er hat mich nicht nur begleitet, nein, in schweren Zeiten hat er mich sogar getragen.“

Am nächsten Morgen liest Margaret sich das Gedicht, das sie in der Nacht aufgeschrieben hat, noch einmal durch:

*Eines Nachts hatte ich einen Traum:*
*Ich ging am Meer entlang mit meinem Herrn.*
*Vor dem dunklen Nachthimmel*
*erstrahlten, Streiflichtern gleich,*
*Bilder aus meinem Leben.*
*Und jedesmal sah ich zwei Fußspuren im Sand,*
*meine eigene und die meines Herrn.*
*Als das letzte Bild an meinen Augen*
*vorübergezogen war, blickte ich zurück.*
*Ich erschrak, als ich entdeckte,*
*daß an vielen Stellen meines Lebensweges*
*nur eine Spur zu sehen war.*
*Und das waren gerade die schwersten*
*Zeiten meines Lebens.*
*Besorgt fragte ich den Herrn:*
*„Herr, als ich anfing, dir nachzufolgen,*
*da hast du mir versprochen,*
*auf allen Wegen bei mir zu sein.*
*Aber jetzt entdecke ich,*
*daß in den schwersten Zeiten meines Lebens*
*nur eine Spur im Sand zu sehen ist.*
*Warum hast du mich allein gelassen,*
*als ich dich am meisten brauchte?“*
*Da antwortete er: „Mein liebes Kind,*
*ich liebe dich und werde dich nie allein lassen,*
*erst recht nicht in Nöten und Schwierigkeiten.*
*Dort, wo du nur eine Spur gesehen hast,*
*da habe ich dich getragen.“*

Jetzt weiß Margaret ganz genau, daß Gott sie niemals verlassen wird. Gott ist Liebe, wird ihr klar, und deswegen kann sie auch selbst lieben. Und nun weiß sie auch, welche Antwort sie Paul geben wird.

Margarets Gedicht fand eine weite Verbreitung. Jahrelang wurde der Text – in zahlreichen Varianten – mit dem Zusatz „unbekannter Verfasser“ oder sogar mit falschen Quellenangaben veröffentlicht. Die Entstehung des Gedichts, der Verlust sowie die unerwartete, verblüffende Wiederentdeckung und der Kampf um die Urheberrechte, all das wird in ihrem Buch „Spuren im Sand – Ein Gedicht, das Millionen bewegt, und seine Geschichte“ erzählt.

Margaret Fishback Powers lebt heute mit ihrem Ehemann Paul im Westen Kanadas. Die beiden haben zwei Töchter, Christina Michelle und Paula Margaret. Immer wieder erhält die Autorin Zuschriften von Leserinnen und Lesern aus aller Welt, denen das Gedicht oder das Buch in schweren Zeiten geholfen hat. Menschen mit Selbstmordabsichten, ratlose Jugendliche, trauernde Witwen – sie alle bestätigen, daß auch sie diese Erfahrung gemacht haben: „Wo du nur eine Spur gesehen hast, da habe ich dich getragen.“

Dieses Buch enthält eine Auswahl der Zuschriften, die Margaret Fishback Powers oder der deutsche Verlag erhalten haben. Wir veröffentlichen die Beiträge mit der freundlichen Erlaubnis der Verfasser.

# *Spuren im Sand – Spuren in meinem Leben*

In den vergangenen Jahren, vor allem jedoch seit der Veröffentlichung des Buches „Spuren im Sand“, erreichten mich über meinen Verlag Tausende von Karten und Briefen aus aller Welt, die eine bunte Vielfalt von Erlebnissen, Gedanken und Gefühlen zum Ausdruck bringen. Sie alle zeigen, auf welche Weise Gott in das Leben von Menschen eingegriffen, sie getragen und getröstet hat.

Bei einigen Geschichten, die in den Briefen standen, fühlte ich mich wie eine stolze Großmutter, die Schnappschüsse von ihren Enkelkindern herumzeigt. Andere Geschichten, bei denen mich Menschen in ihr Innerstes schauen ließen, wagte ich niemandem mitzuteilen, um ihr Vertrauen nicht zu mißbrauchen.

Hin und wieder habe ich eine Handvoll Briefe mit in mein Lieblingscafé genommen, um mir dort in Ruhe ein paar Geschichten zu Gemüte zu führen. Einige waren sehr bewegend zu lesen, über andere wiederum mußte ich schmunzeln oder sogar herzhaft lachen. Dann kam die Kellnerin an meinen Tisch, um zu sehen, was los war. Ich zeigte ihr ein beigefügtes Foto und erzählte, wie sehr es mich an unseren Strandspaziergang erinnerte, der nun schon so viele Jahre zurückliegt.

Als immer mehr Zuschriften kamen, wollte ich sie auch meinem Verlag nicht vorenthalten. Auf dessen Anregung – und nach reiflicher Überlegung – erklärte ich mich bereit, die Briefschreiber um Erlaubnis zu bitten, ihre persönlichen Geschichten zu veröffentlichen.

Ich bin sehr froh, daß ich nicht selbst die endgültige Auswahl der Beiträge für dieses Buch treffen mußte, denn es waren so viele zu Herzen gehende (und herzerfrischende) Zuschriften darunter, daß ich nicht gewußt hätte, welche ich auswählen sollte. So bin ich dankbar für die Sorgfalt und das Feingefühl, die meine Verleger bei der

Zusammenstellung dieses Buches bewiesen haben. Aus den bunten Fäden vielfältiger Erfahrungen haben sie einen wunderschönen Wandteppich gewebt, auf dem die Spuren unseres Gottes deutlich zu sehen sind.

Margaret Fishback Powers

*Eines Nachts hatte ich einen Traum:*
*Ich ging am Meer entlang*
*mit meinem Herrn.*
*Vor dem dunklen Nachthimmel*
*erstrahlten, Streiflichtern gleich,*
*Bilder aus meinem Leben.*

Ich habe gerade das Buch „Spuren im Sand" gelesen, und es drängt mich, Ihnen zu schreiben. Nicht, weil mich das Gedicht besonders angeregt und angesprochen hat (obwohl das zweifellos auch der Fall ist), sondern weil ich Ihre Enttäuschung so gut verstehen kann, die Sie erlebten, als Ihre Autorenrechte mit Füßen getreten wurden.

Ohne den Verlust Ihres Gedichts und seinen nachfolgenden Mißbrauch hätten Sie wahrscheinlich niemals das Buch geschrieben. Und nun war es genau dieses Buch, das mich von einer Last befreite, die mich beinahe zu erdrücken drohte und mir fast meine gesamte Schaffenskraft raubte.

Als ich das Kapitel „Im Verzicht liegt Segen" las, konnte ich jede Ihrer Gefühlsregungen nachvollziehen und jeden Stolperstein wiedererkennen, den Sie erwähnten. Auch bei mir hatte sich nämlich, aus verschiedenen Gründen, ein Gefühl der Bitterkeit breitgemacht, die alles geistliche Leben zu ersticken drohte. Im Laufe der Monate und Jahre wurde mein Zorn immer größer. Meine Zunge war eine gefürchtete Waffe, die ich erbarmungslos gegen alle einsetzte, die es wagten, mich zu verletzen. Deshalb wurde ich von vielen Leuten gemieden, und ich verlor allmählich den Kontakt zu Freunden und zur christlichen Gemeinde. Aber ich fand einfach keinen Ausweg aus meinem Gefängnis.

Dann passierte es: Ich erlitt bei einem Gleitschirmunfall ein schweres Trauma. Ich stürzte aus über 600 m Höhe ab und schlug mit solcher Wucht an einem Berghang auf, daß ich eigentlich tot sein müßte. Aber ich überlebte und kam mit einigen kleinen Brüchen und Quetschungen davon.

Meine Zeit im Krankenhaus und die Wochen danach waren mehr ein geistiger Alptraum als ein körperlicher, denn ich wurde mit all jenen „eingesperrten" Phantomen meiner Vergangenheit konfrontiert, die durch das Trauma entfesselt wurden. In meiner Seelenqual schrie ich zu Gott. Ich bat ihn um seine Hilfe, insbesondere um die

Befreiung von dem gewaltigen und lähmenden Schmerz in meinem Herzen. Gott hatte für alle meine anderen Bedürfnisse gesorgt, warum also nicht für dieses? Gottes Zeitplan anzunehmen ist das Schwierigste für mich ungeduldiges Wesen, weil ich nicht seine Perspektive habe.

Als ich wieder zu Hause war, ging ich an einer christlichen Buchhandlung im nahegelegenen Einkaufszentrum vorbei. In diesem Geschäft war ich seit fast einem Jahr nicht mehr gewesen und hatte eigentlich auch an diesem Tag keinen Grund dazu, aber ich fühlte mich unwiderstehlich hingezogen. Und dort, direkt vor mir, als ich die Tür öffnete, sah ich Ihr Buch! Ich weiß nicht, warum ich es kaufte. Vielleicht war es das Thema.

Ehrlich gesagt, erwartete ich nicht mehr als eine dieser rührseligen frommen Geschichten. Statt dessen las ich einen wunderschönen, offenen und ehrlichen Bericht von zwei sehr menschlichen Leuten, mit denen ich mich gut identifizieren konnte und deren Geschichte für mich die Antwort bereithielt, nach der ich so lange gesucht hatte.

Gott geht wirklich manchmal seltsame Wege. Ihr ursprünglicher Verlust ist mir zu einem unschätzbaren Gewinn geworden. Offen gestanden bin ich sogar froh darüber, daß Sie ihre Kartons mit den Gedichten verloren, weil ich nun Ihr Buch habe – wie Tausende von anderen Menschen, die gerade dadurch eine besondere Hilfe erfahren durften.

Ich finde, wir sollten immer daran denken, daß alles in unserem Leben ein Geschenk von Gott ist. Wenn wir es ihm zurückgeben, damit er etwas daraus macht, dann dürfen wir ihm nicht vorschreiben, auf welche Weise er eingreift. In Ihrem Fall beschloß er vielleicht, jenen Weg zu gebrauchen, bei dem die schnellste Vermarktung garantiert war (die Geldgier des Menschen ist die sicherste Garantie dafür, daß etwas weite Verbreitung findet …).

Ich versuche mir immer vorzustellen, daß es mit meinem Leben so ist wie mit den Broten und Fischen, die zu Jesus gebracht wurden. Wenn ich ihm das wenige anbiete, was ich habe, und es vertrauensvoll in seine Hände lege, dann kann er viel mehr daraus machen, als ich je zu träumen gewagt hatte, und mir helfen, Ziele zu erreichen, von denen ich nicht einmal ahnte, daß er sie für mich im Sinn hatte. Aber wenn ich die Sache selbst in die Hand nehmen will, dann enthalte ich nicht nur anderen etwas vor, sondern bleibe selbst hungrig und wirkungslos.

Ich danke Ihnen dafür, daß Sie bereit sind, an dem Platz zu stehen, den der Herr Ihnen zugedacht hat.

Leicester, England

*Der Herr verstößt uns nicht für immer.*
*Er läßt uns leiden,*
*aber dann erbarmt er sich wieder,*
*denn seine Gnade ist groß.*
Klagelieder 3, 31-32

Vor etwa zwei Jahren ging ich in ein Schreibwarengeschäft und entdeckte auf einer Trauerkarte das Gedicht „Spuren im Sand". Normalerweise sehe ich mir solche Karten gar nicht an, und weil ich keineswegs nach einer Trauerkarte gesucht hatte, war es wirklich ein „Zufall", daß ich Ihr Gedicht kennenlernte.

Das Gedicht gefiel mir so sehr, daß ich die Trauerkarte kaufte, obwohl gar keiner gestorben war – so beeindruckend fand ich den Text! Ich zeigte das Gedicht mehreren Bekannten. Einige kannten es schon, aber andere waren ebenso gerührt wie ich. Unter dem Gedicht stand: „Verfasser unbekannt". „Merkwürdig", dachte ich, „wer würde nicht gern als Autor unter so einem schönen Text stehen!"

Vor ein paar Wochen war ich mit einer Freundin in einer Buchhandlung. Wir standen an der Kasse, als ich das Buch „Spuren im Sand" auf dem Ladentisch sah. Ich nahm es in die Hand und überflog den Text auf der Vorder- und Rückseite. Es überraschte mich, daß dieses Gedicht jetzt doch einem bestimmten Autor zugeschrieben wurde.

Ich legte das Buch zurück, nahm es wieder in die Hand, legte es zurück. Das ging eine ganze Weile so, bevor ich mich entschloß, es einer Freundin zu Ostern zu schenken, die gerade in einer persönlichen Krise steckte. Ich dachte: Wenn schon das Gedicht so gut ist, dann kann dieses Buch sie bestimmt in ihren Nöten trösten. Außerdem war ich neugierig geworden und wollte das Buch gern selbst lesen. Ich bin sicher, daß es meiner Freundin helfen wird, den inneren Frieden und den festen Glauben wiederzufinden, den sie bis vor kurzem noch hatte.

Ich möchte Sie einfach wissen lassen, wie sehr „Spuren im Sand" mein Leben beeinflußt hat und wie tröstlich diese Worte für mich sind. Danke für dieses wunderbare Geschenk.

Kelly, Quebec

Ja, bei mir hängt dieses feine Gedicht an der Wand! Aber nicht, weil man es eben so macht – nein, mit diesen so inhaltsvollen Versen fühle ich mich innerlich sehr verbunden. Ganz einfach, es tröstet mich, und ich weiß aus eigener Erfahrung, daß es wahr ist, was da steht. Aber das war nicht immer so.

Früher hätte ich über „so einen frommen Quatsch" gelacht. Früher – das heißt in den wilden Sechzigern – da war ich mittendrin in dieser sogenannten Befreiungsrevolution: Peace und Liebe statt Krieg … Diese Spießergesellschaft muß verändert werden … Aber um diese Gesellschaft überhaupt zu ertragen, muß man selbst aussteigen, am besten mit Drogen und Hippie-Klamotten.

Mit dreizehn fing ich an, Haschisch zu rauchen. Dann kam die Zeit, als ich in Kommunen lebte oder in den warmen Eingängen der Kaufhäuser schlief. Am Tag bettelte ich Fußgänger an, um mir LSD-Trips und Haschisch zu kaufen und natürlich auch etwas zu essen. Öfters erlebte ich es, daß Christen uns ansprachen, wenn wir nach Gammlerart irgendwo rumhingen. Ich lachte diese für mich armen frommen Irren aus und rempelte sie an.

Am Tag spritzte ich Speed oder Morphium und nahm auch regelmäßig andere Drogen. Dazu trank ich literweise Alkohol. Für die Nacht – um mal wieder schlafen zu können – spritzte ich mir kaputt gestampfte Valiumtabletten, die ich in Wasser auflöste und dann in die Spritze aufsog. Einmal hatte ich einen sehr schweren Entzug und war total fertig. Ich drückte mir eine Spritze, gefüllt mit Morphium und meinem eigenen geronnenen Blut, in die Armvene hinein …

Jeder Tag hätte für mich der letzte sein können. Ich bin fest davon überzeugt, daß Gott mich damals schon bewahrt hat. Das war für mich schon die Fußspur Gottes! Ein anderes Mal knallte ich mich so voll, daß man mir gerade noch das Leben retten konnte.

Aber dann geschah es: Ich wurde in eine christliche Teestube eingeladen. Ich folgte der Einladung, weil ich irgendwie in mieser Stimmung war. Der Pfarrer der Kirche war auch dort. Er kannte mich vom Betteln her und meinte, er wisse auch nicht, wie er mir helfen könnte. Aber da saß am Tisch noch ein junger Mann, der mich sehr freundlich zu sich nach Hause einlud. Er erzählte mir, daß er früher auch Drogen genommen hätte und durch Jesus frei geworden sei.

Ich dachte: Wie schön wäre es, wenn das wahr wäre und Gott mich so lieb hätte. Eine Riesensehnsucht stieg in mir auf, ein ganz starkes Verlangen nach diesem Gott, wenn es ihn doch nur gäbe. Ich war schon tief im Okkultismus, hatte meditiert und die finsteren Mächte erfahren. Nun war ich müde von all dem Betrug und sehnte mich nach Wahrheit und Befreiung von meiner Drogensucht.

Auf einmal hörte ich den jungen Mann sagen: „Ich bete jetzt, und du betest mir einfach nach, wenn du Jesus dein Leben übergeben willst." Ich stimmte zu, spürte aber plötzlich eine wahnsinnige Angst, und ein Kampf tobte in mir. Ich konnte auch nichts nachbeten – ich war wie gefangen. Auf einmal hörte ich mich schreien: „Jesus, Jesus, ich weiß nicht, ob es dich gibt, aber wenn das so ist, dann mach mich frei und gib mir ein anderes Leben! Wenn du das tust, dann will ich dir ganz gehören."

Auf einmal durchfuhr mich ein gewaltiger Friede, ich wußte, daß Jesus tatsächlich lebt. Ich weinte und lachte zugleich und bat Gott um Vergebung meiner Schuld. Bis dahin hatte ich keinerlei Zugang zur Bibel, aber jetzt wußte ich, daß sie Gottes Wort war, und sie wurde mir das Wichtigste hier auf der Erde.

Ja, ich wurde frei von den Drogen und vom Rauchen. Ich kann Gott für diese Gnade und Liebe nur danken. Heute weiß ich, daß Gott mich schon damals sah, als er mir total egal war, als ich fluchte und ihn ständig beleidigte. Wie oft stand ich in jungen Jahren schon an der Klippe des Todes! Aber er hat mich bewahrt. Auch wenn ich mich allein fühlte, war er doch schon da und gab acht auf mich. Im Rückblick sehe ich auch hier schon eine Spur Gottes in meinem Leben.

Wer jetzt denkt, daß mein neues Leben von nun an ohne jedes Problem verlief, der irrt gewaltig. Mein Leben als Christ geht durch viele Prüfungen. Aber ich bitte Gott, daß ich in der Prüfung nicht murre, sondern dankbar bin. Ich glaube, daß es trotz vieler Niederlagen doch immer wieder diese eine Spur gibt, wo Jesus uns trägt, weil er treu ist und bleibt.

Günter Wichmann, Deutschland

Ende 1981 oder 1982 gab mir jemand das Gedicht „Spuren im Sand“. Ich weiß nicht mehr, von wem und aus welchem Anlaß, aber weil der Text in Form eines Kreuzes angeordnet war, gefiel er mir besonders gut. Ich tippte das Gedicht noch einmal in Kreuzform ab und gab es meiner Freundin und einer Frau aus Irland.

Ein Jahr später bekam meine Freundin von einem Bekannten ein Blatt Papier in die Hand gedrückt. „Das müssen Sie unbedingt lesen!“ meinte er begeistert. Sie staunte nicht schlecht, denn es handelte sich um eine Kopie des Gedichts, das sie ein Jahr vorher von mir bekommen hatte. Als sie mir das Blatt zeigte, erkannte auch ich meine Schreibmaschine wieder. Es stellte sich heraus, daß meine irische Freundin Fotokopien nach Irland geschickt hatte, die von ihren Bekannten daraufhin in ganz Europa verbreitet wurden.

Liebe Margaret, was in die Welt hinausgeht, kommt auch wieder zurück – und jetzt, elf Jahre später, freue ich mich, daß ich Ihnen schreiben darf. Ich möchte Ihnen dafür danken, daß Sie mir die Gewißheit geschenkt haben, daß Gott auch mich getragen hat. Ich möchte Sie wissen lassen, daß manche Menschen Spuren in unserem Herzen hinterlassen, die unser Leben verändern.

Susan, New York

Einer meiner Söhne schenkte mir zu Weihnachten das Buch „Spuren im Sand". Er hätte kein besseres Geschenk aussuchen können, denn mit dem gleichnamigen Gedicht verbinde ich einige besondere Erinnerungen.

Vor fünf Jahren bekam ich eine Virusinfektion, die beide Lungenflügel an sieben oder acht Stellen perforierte. Zwei Monate lag ich auf der Intensivstation, zwei weitere mußte ich im Krankenhaus verbringen, und dann hing ich noch zu Hause ein Jahr lang am Sauerstoffapparat. Noch immer bin ich nicht völlig gesund, aber mein Blut kann schon wieder zu 80 Prozent Sauerstoff transportieren, daher geht es mir einigermaßen gut.

Als ich schon wieder in einem normalen Krankenzimmer lag, besuchte mich der Arzt, der mich mehrmals operiert hatte. Vielleicht war er ein guter Chirurg – aber an menschlichem Feingefühl fehlte es ihm völlig. Er stand in der Tür und sagte, wenn sich die Löcher in meiner Lunge nicht innerhalb von zwei Monaten von selbst schließen würden, müsse er mich noch einmal operieren. Der Facharzt und mein Hausarzt hatten mir nichts davon gesagt. Sie wußten, wieviel Angst ich davor hatte, und wollten den Heilungsprozeß nicht gefährden.

Ich erschrak und wußte nicht, wie ich damit fertigwerden sollte. Dann fiel mir das Gedicht ein, das mir ein Bekannter kurz zuvor gegeben hatte: „Spuren im Sand". Ich las das Gedicht noch einmal durch, und mir war, als würde Gott mir durch diese Zeilen antworten. Nein, ich wollte mir keine Sorgen machen, sondern Gott die Zukunft überlassen und selbst zuversichtlich sein. Ich wußte auf einmal ganz sicher, daß Gott mich tragen würde.

Zwei Monate später stellte der Chirurg fest, daß ich immer noch ein Loch in der Lunge hatte, das nicht verheilt war. Er wollte mich deshalb in der nächsten Woche nochmals operieren.

In der folgenden Nacht betete ich zu Gott. Ich dankte ihm, daß er mich schon soweit geheilt habe, und bat ihn, mich auch noch ganz gesund zu machen.

Am nächsten Morgen wachte ich wie gewöhnlich auf, als die Krankenschwester ins Zimmer kam. Sie untersuchte die Flasche, mit der die Flüssigkeit aufgefangen wurde, die noch immer aus meiner Lunge kam. Auf einmal war ich jedoch hellwach, denn ich hörte die Schwester sagen: „Es läuft ja gar nichts mehr heraus!"

Ich konnte es gar nicht glauben – und sie auch nicht. Normalerweise dauert es mindestens eine Woche, bis sich solch ein Loch schließt – und dieses sollte einfach über Nacht verschwunden sein?

Als später der Facharzt dazukam, meinte er, da müsse wohl irgendwo etwas verstopft sein. Er hinterließ Anordnungen für einen anderen Arzt, die Befestigung an meinem Körper zu überprüfen.

Ergebnis? Alles in Ordnung! Nach einer Woche des Abwartens kamen die Ärzte zu dem Schluß, daß sich das Loch „aus irgendeinem Grund" selbst geheilt hatte. Ich wurde nach Hause entlassen – ohne eine weitere Operation!

Das Gedicht „Spuren im Sand" ließ ich daraufhin in Kunstschrift abschreiben und verschenkte gerahmte Kopien an alle meine Kinder. Das Original hängt natürlich an der Wand unseres Gästezimmers!

Paul, Alberta

*Warum nur bin ich so traurig?*
*Warum ist mein Herz so schwer?*
*Auf Gott will ich hoffen, denn ich weiß:*
*ich werde ihm wieder danken.*
*Er ist mein Gott, er wird mir beistehen!*
Psalm 43, 5

Schon seit einiger Zeit habe ich furchtbare Kopfschmerzen, und ich fühle mich ganz elend und kraftlos. Meinen guten Job habe ich verloren – weil ich nicht genug Leistung gebracht habe, sagen sie. Ich weiß, daß ich nicht die volle Leistung gebracht habe, ich konnte es nicht. Mir war dauernd schwindlig und übel.

Vor Weihnachten wurde es immer schlimmer. Wir zogen um, und vieles im neuen Haus war noch nicht fertig. Alle Reserven, die ich noch hatte, schienen aufgebraucht.

Nach vielen Untersuchungen wurde ich zum Kernspin bestellt. Ich wußte darüber nur, was mir andere gesagt hatten: Es sei sehr laut, und man würde wie in einem Tunnel liegen …

Das war alles nicht schlimm. Nur: ich habe panische Angst vor verschlossenen engen Räumen. Und ich hatte genauso viel Angst vor dem Ergebnis der Untersuchung. Vielleicht war ich nur überarbeitet … oder aber todkrank!

Als ich in den Raum geführt wurde, in dem der Riesenapparat stand, nahm ich mir vor, auf meinen Herrn zu vertrauen. Sonst würde ich noch hysterisch werden. Ich legte mich auf den Tisch, der dann langsam in den Apparat gefahren wurde. Über meinen Kopf wurde ein Behälter gelegt, den ich nicht sehen konnte, weil ich vor lauter Angst die Augen fest geschlossen hielt.

Als die Maschine anfing, sehr laute Geräusche zu produzieren – und zwar genau die Geräusche, auf die ich seit meinem Hörsturz mit Schwindel und Übelkeit reagiere –, wollte mein Gehirn langsam panisch werden. Ich fing an, zu Gott zu beten: „Herr, stelle deine Engel um meinen Kopf. Ich habe Angst hier drin und kann doch nicht heraus. Bitte, Herr!"

Ich dachte, die Untersuchung würde nie vorbeigehen. Also schrie ich innerlich: „Herr, ich brauche deine Engel … jetzt … schnell!"

Wie lange die Untersuchung gedauert hat, weiß ich nicht. Irgendwann hörte ich die Stimme des Arztes: „Wir sind fertig!"

Vollends verblüfft stellte ich fest, daß ich fast eingeschlafen war.

Die lauten, dröhnenden Geräusche, die meinen Körper erzittern ließen, ich hatte sie fast nicht mehr wahrgenommen. Ich hatte das Gefühl gehabt, alle Engel Gottes würden um meinen Kopf schweben und ich würde getragen – ganz sanft und leicht!

Elke Höffle, Deutschland

*Wer unter dem Schutz des Höchsten wohnt,*
*der kann bei ihm, dem Allmächtigen, Ruhe finden.*
Psalm 91, 1

Eine Freundin, übrigens keine Christin, zeigte mir vor längerer Zeit das Gedicht „Spuren im Sand". Ich erinnere mich noch, daß ich damals dachte: „Oh, toll!"

Durch das Gedicht konnte ich mir besser vorstellen, daß Jesus immer bei mir ist. Das hat mir geholfen, mein Leben so anzunehmen, wie Jesus mich führt. Ich habe gelernt, ihm zu vertrauen. Seit ich auch das Buch über das Gedicht gelesen habe, kann ich dankbarer sein für das, was ich habe und was ich bin.

Jessica, Alabama

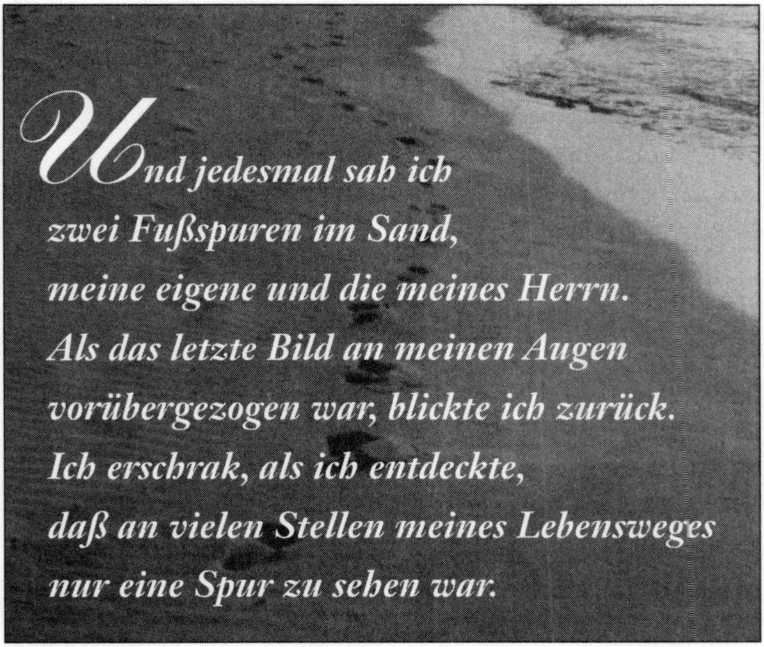

*Und jedesmal sah ich*
*zwei Fußspuren im Sand,*
*meine eigene und die meines Herrn.*
*Als das letzte Bild an meinen Augen*
*vorübergezogen war, blickte ich zurück.*
*Ich erschrak, als ich entdeckte,*
*daß an vielen Stellen meines Lebensweges*
*nur eine Spur zu sehen war.*

Meine erste Begegnung mit „Spuren im Sand“ kam durch die Post. Obwohl ich es damals noch nicht merkte, war dies ein Wendepunkt in meinem Leben.

Ich hatte es nie eilig, unseren monatlichen Gemeindebrief zu lesen, weil ich immer unterwegs war. Als ich in einer Ausgabe einmal das Gedicht „Spuren im Sand“ las, wurde ich sehr still. Es war, als würde die Welt einige Augenblicke lang stillstehen, denn dieses wunderbare Gedicht drang in mein Innerstes ein. Ich erinnere mich, daß es mir so vertraut vorkam, als hätte ich es schon gekannt. Das Gedicht gab übrigens den ersten Anstoß dazu, daß ich bereit war, Gott in mein Leben zu lassen.

Im Lauf der Jahre habe ich viele schöne Gedichte gelesen. Es störte mich auch nie, wenn kein Verfasser genannt wurde. Als ich jedoch zum ersten Mal „Spuren im Sand“ las, war ich enttäuscht, weil kein Verfasser darunter stand. Irgend jemand mußte das Gedicht doch geschrieben haben! Vielleicht war das Gedicht ja schon sehr alt? Ich überlegte, ob es nicht sogar zu der Zeit geschrieben worden sein könnte, als Jesus auf der Erde lebte. Ich stellte mir vor, wie einer der Jünger mit Jesus am See Genezareth entlangging und im Sand Spuren hinterließ … Wer auch immer der Verfasser war, so dachte ich – er muß einen Glauben gehabt haben, der Berge versetzen konnte!

Kurz darauf besuchte unsere Familie eine Tante im Krankenhaus, die im Sterben lag. Wir hatten beschlossen, daß ich ihr die „Spuren im Sand“ vorlesen sollte. Ich bemühte mich, stark zu bleiben und nicht zu weinen, hörte meine Stimme so klar, als ob jemand anders gelesen hätte. Plötzlich spürten wir alle einen Frieden, der uns miteinander verband. Das Gedicht sollte für immer in unseren Herzen bleiben.

Von diesem Augenblick an gab „Spuren im Sand“ unserer Familie den Glauben und die Kraft weiterzumachen und uns von Gott tragen zu lassen. Unsere Tante fand ihren Frieden und mußte nicht mehr leiden. Sie starb in der Nacht meines dreißigsten Geburtstags.

„Spuren im Sand“ wurde mein Lieblingsgedicht, und ich habe allen, die mir lieb und wert sind, eine Kopie davon gegeben.

Ich dachte, das war es, aber einen knappen Monat später fiel mir ein Buch mit Texten für jeden Tag in die Hände. Wie ich es häufig tue, schlug ich neugierig nach, welcher Text an meinem Geburtstag stand ... Und ich konnte es kaum glauben: Es war „Spuren im Sand“! Von 365 Tagen hatte man ausgerechnet meinen Geburtstag, den 13. November, für dieses Gedicht ausgesucht!

Das Gedicht begegnete mir plötzlich überall, auch an den unmöglichsten Orten. Es war, als wolle Gott mir sagen: „Ich bin immer für dich da!“ Ich entdeckte die „Spuren im Sand“ auf Lesezeichen, Kalendern, Wanduhren und Kacheln. Am besten gefiel mir das Gedicht jedoch auf Trauer- und Grußkarten. Meist stand darunter „Verfasser unbekannt“. Später sah ich auf einmal alle möglichen Namen darunter und wurde sehr ärgerlich: Wie konnten irgendwelche Leute es wagen, ihren Namen unter mein Lieblingsgedicht zu setzen? Wie konnten sie sich erdreisten, etwas so Wertvolles zu stehlen und für sich zu beanspruchen? Wie konnten sie nachts überhaupt noch schlafen?

Ich wollte mich nicht damit abfinden, daß sich jemand zu Unrecht als Verfasser ausgab, und kaufte das Gedicht fortan nur noch, wenn „Verfasser unbekannt“ darunterstand.

In den vergangenen Jahren ist mir „Spuren im Sand“ überallhin gefolgt. Es hat mir geholfen, auf dem richtigen Weg mit Gott zu bleiben, und es erinnerte mich daran, daß Gott bei mir war. Immer wieder fragte ich mich, wer wohl der wirkliche Verfasser sei.

An einem Sonntag im Oktober 1993 sprach ich im Gottesdienst über die „Spuren im Sand“. Genau zur richtigen Zeit – denn eine Dame sagte anschließend zu mir: „Wissen Sie eigentlich, daß jetzt die richtige Verfasserin gefunden wurde? Es stand neulich in der Zeitung.“ Eine andere Frau erinnerte sich auch daran. Man versicherte mir, die wirkliche Verfasserin sei noch am Leben.

Ich ging in die Bibliothek, fand den Zeitungsartikel, las ihn – und nun wußte ich es: die wirkliche Verfasserin heißt Margaret Fishback Powers. Ich kopierte den Artikel mehrfach und verschickte ihn an viele meiner Freunde und Bekannten.

Heute weiß ich, daß nichts durch Zufall geschieht. Für alles gibt es einen Grund. Nicht das ist wichtig, was mit mir geschieht, sondern was ich aus dem, was geschieht, mache. Ich habe es gelernt, in schweren Zeiten alles Gott zu überlassen. Was auch kommt, ich kann jetzt glauben, und ich vertraue auf Gott, denn er ist mein allerbester Freund.

„Spuren im Sand" zeigte mir den Weg zu Gott. Es war ein langsamer aber stetiger Lernprozeß. Ich weiß überhaupt nicht, wie ich es früher geschafft habe, als ich noch ein oberflächliches, leeres Leben führte.

Catherine, British Columbia

*Unser Herr Jesus Christus aber und Gott, unser Vater,*
*der uns seine Liebe geschenkt und in seiner Barmherzigkeit*
*einen Trost und eine Hoffnung gegeben hat,*
*die niemals aufhören und auch den Tod überdauern werden,*
*er ermutige euch und gebe euch Kraft,*
*Christus in Wort und Tat zu bekennen.*
2. Thessalonicher 2, 16.17

Mein Name ist Diane, und ich bin eine alleinerziehende Mutter mit zwei lieben Kindern (David und Melissa). Wir leben in Alberta. Als ich heute abend Ihr Buch las, weinte ich und dankte Gott dafür, daß Sie das Gedicht „Spuren im Sand" geschrieben haben.

Vor elf Jahren lernte mein Mann eine andere Frau kennen. Er heiratete sie und ließ mich mit den beiden Kindern, damals achtzehn Monate und dreieinhalb Jahre alt, allein zurück.

Zwei Jahre brauchte ich, um mich von diesem Schock zu erholen. In dieser Zeit traf ich einen wunderbaren Mann, der mich heiraten wollte. Eigentlich wollte auch ich gern seine Frau werden, aber ich war noch nicht sogleich bereit, ja zu sagen, weil ich meinen „Ballast" nicht mit in eine neue Beziehung bringen wollte. Deshalb bat ich ihn mehrmals um Geduld, bis meine Wunden verheilt seien. Nicht im Traum hätte ich daran gedacht, daß er eines Tages aufgeben und weggehen würde. Wie gut kann ich verstehen, daß Sie damals zögerten, Pauls Heiratsantrag anzunehmen!

Obwohl ich in meinem Leben viele Verluste erleiden und viele Prüfungen durchmachen mußte, habe ich nie größeren Kummer gekannt als in dieser Zeit. Und während ich so litt, erkrankten meine zwei besten Freundinnen an Krebs. Beide starben in den folgenden zwei Jahren.

In der Folgezeit litt ich unter so schweren Depressionen, daß ich wie betäubt war. Ich wünschte mir nichts sehnlicher als zu sterben, damit der Schmerz endlich aufhörte. Zwei volle Jahre lang wachte ich jeden Tag mit Selbstmordgedanken auf. Ich dachte wirklich, meine Kinder würden besser dran sein ohne dieses depressive und kaputte Zerrbild einer Mutter! Aber etwas tief in mir ließ mich weiterkämpfen, und mit Hilfe einer Therapie schaffte ich es, diese schlimme Zeit zu überstehen. Damals entdeckte ich übrigens auf einer Postkarte das Gedicht „Spuren im Sand". Ich kaufte sofort mehrere Exemplare auf Vorrat – für mich selbst und für Freunde, die auch Kummer hatten.

Ich kann mich noch lebhaft an den Tag erinnern, als ich beschloß, Ihr Gedicht in meiner Gemeinde vorzulesen, als es um das Thema ging, was Weihnachten für uns persönlich bedeutet. Bei der Gelegenheit erzählte ich auch etwas von dieser Zeit meines Lebens und wie es dazu kam, daß ich mein Leben in Gottes Hände legte.

Ich wünsche Ihnen Gottes Segen und weiterhin viel Freude beim Schreiben. Mögen Sie mit dieser Gabe Gottes noch viele Menschen erreichen!

Diane, Alberta

*Doch nicht nur dafür sind wir dankbar.*
*Wir danken Gott auch für die Leiden,*
*die wir wegen unseres Glaubens auf uns nehmen müssen.*
*Denn in solchen Leiden lernen wir, geduldig zu werden.*
*Geduld aber vertieft und festigt unseren Glauben,*
*und das wiederum gibt uns Hoffnung.*
Römer 5, 3.4

Soeben habe ich Ihr Buch „Spuren im Sand“ gelesen, und ich muß sagen, daß es mich tief bewegt hat. Ihre Liebe zu Gott und den Glauben, den Sie haben, suche ich nun schon seit vielen Jahren vergeblich. Aber Ihr Buch hat etwas in mir bewegt, was ich nicht beschreiben kann. Gott scheint wirklich mit Ihnen zu sein.

Vor einigen Monaten begann ich, in der Bibel zu lesen, weil ich Gott finden wollte. Ich spüre eine Leere in meinem Leben, und ich weiß nicht so recht, wie ich sie ausfüllen soll. Ich dachte, in der Bibel würde ich vielleicht die Antwort finden – aber nein. Alles, was ich fühlte, war, daß ich nicht glauben kann, daß ein übermenschliches Wesen alles geschaffen haben soll. Für mich ist das nicht logisch. Hatten Sie eigentlich nie Zweifel, ob Gott wirklich über Sie wacht?

In den vergangenen Monaten habe ich vieles erlebt, was es mir schwer macht zu glauben, daß Gott wirklich immer da ist und über uns wacht. Warum läßt er uns soviel Schweres durchmachen? Ich habe so viele Fragen und weiß nicht, wo ich die Antworten finden soll. Können Sie mir helfen?

Seit sieben Jahren besuche ich eine kirchliche Begegnungsstätte. Dieser Ort ist für mich der Himmel auf Erden. Die Atmosphäre ist liebevoll und freundlich, und ich fühle mich dort sehr wohl. Letztes Jahr verspürte ich das Bedürfnis, Gott zu finden und mit ihm zu reden, aber ich wußte nie, wie ich das anstellen sollte. Ich weiß, daß ich ihn in der Musik spüre, die ich höre, aber das ist einfach nicht genug. Ich will mehr. Ich möchte Gott in allem, was ich tue, spüren. Ich möchte auch den Frieden finden, den Sie gefunden haben.

In Ihrem Buch haben Sie einige Situationen geschildert, die meiner eigenen ähnlich sind. Ich fühle oft eine Bitterkeit gegen die Handlungen anderer, aber ich bin unfähig, dieses starke, beunruhigende Gefühl zum Ausdruck zu bringen. Ihre Geschichte ging mir zu Herzen. Danke, daß Sie darüber geschrieben haben. Auch wenn das Gedicht illegal veröffentlicht wurde, hat es viele bewegt, besonders mich, und dafür danke ich Ihnen. Wenn Sie immer noch öffentliche Vorträge über Ihr Wissen von und Ihren Glauben an Gott halten, dann würde ich gern einmal kommen und Sie hören.

Angela, British Columbia

Vor etwa vier Jahren, als ich noch kein Christ war, sah ich während des Urlaubs am Meer in einem Geschenkladen einen Teller, auf dem das Gedicht „Spuren im Sand“ stand. Ich war zu Tränen gerührt und dachte, wie schön es doch sein müßte, das zu glauben.

Vor einem Jahr kam ich dann zum Glauben an Jesus. Das geschah sehr plötzlich und verlief ziemlich dramatisch. Oh, wie hat sich mein Leben verändert! Ich habe Frieden und Freude gefunden.

Einer meiner neugewonnenen christlichen Freunde gab mir ein Lesezeichen mit dem Gedicht „Spuren im Sand“. Ich kann gar nicht sagen, wie bewegend und tröstlich es ist! Ich bewahre es in meiner Bibel auf und lese es oft. Als ich getauft wurde, schenkte mir dann derselbe Freund auch das Buch über das Gedicht.

Liebe Frau Fishback Powers, obwohl ich verstehen kann, wie verärgert Sie waren, als ihre Gedichte verlorengingen und dann wieder auftauchten: Auf jeden Fall haben sie auf diese Weise eine viel größere Öffentlichkeit erreicht, als wenn sie nur in einem christlichen Buchladen in einer Ecke gestanden hätten. Ich danke Gott, daß er durch dieses Gedicht so viele Menschen erreicht hat, Christen wie Nichtchristen – mehr, als Sie selbst wahrscheinlich für möglich gehalten hätten.

Irene, England

Ich bin mit einem Fernfahrer verheiratet, und wir gehen oft zusammen auf Tour. Bei zwei verschiedenen Gelegenheiten fiel mir auf, daß in einem Rasthaus das Wort „Powers" auf den Duschköpfen stand. Ich wußte, daß „Powers" (das englische Wort für „Mächte") auch eine Bezeichnung für Engel ist – und für diese himmlischen Wesen interessierte ich mich schon immer.

Eines Morgens hielten wir an einer Tankstelle. Ich ging in die Waschräume hinunter, um mich frisch zu machen, während mein Mann tankte. Wir wollten uns an der Kasse treffen.

Während ich auf ihn wartete, bemerkte ich ein Bücherregal und fühlte mich davon angezogen. Ich griff nach einem Buch, das hinter einem anderen versteckt war. Der Name der Autorin, Powers also, machte mich neugierig. Da könnte doch etwas für mich drinstehen, dachte ich, und kaufte das Buch. Natürlich entpuppte sich der Inhalt als etwas völlig anderes. Aber interessant fand ich das Buch – und schon am nächsten Nachmittag hatte ich es ausgelesen.

Das Kapitel „Im Verzicht liegt Segen" beeindruckte mich besonders tief. Während ich es las, kamen mir die Tränen. Ich erkannte, daß meine Bitterkeit eine große Schuld war, die ich jahrelang mit mir herumschleppte, und daß ich die Sache Gott überlassen mußte, um vergeben und vergessen zu können. Diese Bitterkeit war durch meine Eltern verursacht worden, vor allem durch meine Mutter. Ich kann immer noch nicht vergessen, was sie mir angetan hat, weil das nun schon seit Jahren so geht und sie nicht damit aufhört. Aber jetzt, nachdem ich Ihre Geschichte gelesen habe, bin ich bereit, die Sache Gott zu übergeben und ihn handeln zu lassen.

Mary Beth, Pennsylvania

Zum ersten Mal hörte ich „Spuren im Sand“ als Lied auf Kassette. Ich war damals sehr niedergeschlagen und verzweifelt, weil mein Mann mich betrog. Die Worte bewegten mich so stark, daß ich sie aufschrieb, damit ich sie immer lesen konnte, wenn ich traurig war oder keinen Lebensmut mehr hatte. Ehrlich gesagt, ich weiß nicht, ob ich sonst noch da wäre!

Mehrere liebe Freunde hatten meinen „Lebensretter“ bemerkt, und bald besaß ich „Spuren im Sand“ als schönes Wandbild, auf kleinen Kärtchen und auf Briefbeschwerern. Alle diese Geschenke bedeuten mir sehr viel. Inzwischen bin ich überzeugte Christin geworden, und ich lese „Spuren im Sand“ immer noch, wenn ich in schweren Zeiten eine Glaubensstärkung brauche.

Liebe Frau Powers, im Buch steht, Sie seien verärgert und verbittert gewesen, weil Ihr Gedicht ohne Ihre Erlaubnis anonym veröffentlicht wurde. Das kann ich verstehen. Aber für mich war genau das Gottes Fügung. Weil es hieß, der Verfasser sei unbekannt, empfand ich es so, als hätte Gott das Gedicht für mich persönlich geschrieben. Ich hatte das Gefühl, daß er in diesen Zeilen direkt zu mir sprach.

Ich danke Ihnen, daß Sie dieses wunderbare Gedicht geschrieben haben – und ich danke Gott, daß er eine Möglichkeit fand, so viele Menschen (darunter mich!) damit zu erreichen.

Cathy, Texas

*Ihr habt Christus als euren Herrn angenommen;*
*nun lebt auch mit ihm und tut seinen Willen.*
*Wie ein Baum in der Erde,*
*so sollt ihr in Christus fest verwurzelt bleiben,*
*und nur er soll das Fundament eures Lebens sein.*
*Haltet fest an dem Glauben, den man euch lehrte,*
*und dankt Gott für alles, was er euch geschenkt hat.*
Kolosser 2, 6.7

Vor fünf Minuten habe ich das Buch zum Gedicht „Spuren im Sand“ zu Ende gelesen. Ich brauchte dazu nur etwas über zwei Stunden, denn nachdem ich das Buch in die Hand genommen hatte, konnte ich es einfach nicht mehr weglegen.

Das Gedicht „Spuren im Sand“ ist für mich etwas Besonderes, weil ich schon einiges damit erlebt habe. Kennengelernt habe ich das Gedicht bei meiner Schwester, die ich bei einer Dienstreise besuchte. An der Wand ihres Eßzimmers hing jenes Gedicht. Die Schönheit des Bildes zusammen mit dem Text beeindruckten mich tief, und ich bat meine Schwester, mir auch ein solches Wandbild zu schicken, falls sie es irgendwo auftreiben könnte. Ich war zu dieser Zeit kein praktizierender Christ, aber ich war in einem christlichen Elternhaus aufgewachsen. Ungefähr in der Zeit, als das Gedicht entstand, hörte ich auf, in die Kirche zu gehen.

Wenig später erhielt ich tatsächlich ein Päckchen von meiner Schwester. Hocherfreut hängte ich das Gedicht im Eßzimmer auf, so daß ich es täglich vor Augen hatte.

Ein paar Wochen später verlor ein guter Freund von mir seine Frau. Er war völlig am Boden zerstört und begann zu trinken. Eines Nachts fuhr er sein Auto zu Schrott und wäre beinahe selbst ums Leben gekommen. Ich machte mir, wie auch seine anderen Freunde, sehr große Sorgen um ihn.

Eines Tages, ich saß gerade beim Abendessen, blickte ich auf die „Spuren im Sand“, und da kam mir eine Idee: Ich nahm das Gedicht von der Wand und ging damit zum Haus meines Freundes hinüber. Unterwegs kamen mir Zweifel. Was sollte ich ihm sagen? Das hatte ich mir vorher nicht so recht überlegt. Und: Ob er wohl hinterher auch noch mein Freund sein würde?

Ich traf meinen Freund in der Küche an. „Setz dich hin“, sagte ich, „und hör mir zu!“ Dann erklärte ich ihm, wieviel Sorgen ich mir um ihn machte. Zum Abschied gab ich ihm die „Spuren im Sand“.

Das ist jetzt zehn Jahre her. Inzwischen hat mein Freund wieder geheiratet und ist sehr glücklich. Mein Bild mit den „Spuren im Sand“ hängt immer noch über seinem Bett!

Es hätte gereicht, wenn die Geschichte hier zu Ende wäre, aber das war erst der Anfang. Gott geht oft geheimnisvolle und wunderbare Wege. „Spuren im Sand“ war der Anfang einer persönlichen geistlichen Odyssee, die mich zu einer neuen Berufswahl führte. Im September beginne ich mit dem Studium, und wenn Gott will, werde ich in etwa drei Jahren Pastor sein.

Die Straße, die ich gereist bin, um so weit zu kommen, war mit Hindernissen und tiefer Ratlosigkeit gepflastert. Wenn mir einmal besonders trostlos zumute war, dann hat mich „Spuren im Sand“ wieder an die Hilfe und Liebe erinnert, die uns Gott so großzügig schenkt.

Übrigens: Noch ein anderes Gedicht hat mir sehr weitergeholfen. Es steht auch in dem Buch und heißt „Überlaß es mir“. Es gab nämlich Hindernisse, die mich fast davon abgehalten hätten, im Herbst mein Studium zu beginnen. „Überlaß es mir“ hat mir geholfen, dieses Problem zu lösen.

Sandy, Saskatchewan

*Mein blindes Volk werde ich auf Straßen und Wegen führen,*
*die sie nicht kennen.*
*Ich mache die Dunkelheit um sie her zum Licht.*
*Alle Steine räume ich zur Seite,*
*die Schlaglöcher fülle ich aus,*
*damit sie auf einer ebenen Straße gehen können.*
*Das alles will ich tun, mein Plan steht fest.*
Jesaja 42, 16

Sie haben eine ganz komplizierte Netzhauterkrankung, im schlimmsten Fall müssen Sie mit einer Erblindung rechnen!" Was für den Chefarzt einer süddeutschen Augenklinik so etwas wie ein Routinefall war, sollte mein gerade 24 Jahre junges Leben mit einem Schlag verändern, denn diese Diagnose war nicht für einen Nachbarn oder irgendeinen Bekannten gestellt worden – nein, ich war damit gemeint!

Dabei hatte das Jahr 1994, auch davon abgesehen, alles andere als besonders erfreulich begonnen. Ende März wurde in letzter Sekunde mein geplatzter Blinddarm entfernt; kaum war ich wieder zu Hause und einigermaßen auf den Füßen, konnte ich eines Morgens auf einem Auge alles nur sehr verschwommen, wie durch eine Milchglasscheibe, erkennen. Leider war die daraufhin festgestellte Augenerkrankung keine Kleinigkeit: Die Netzhaut hatte blutdurchlässige Gefäße gebildet, diese bluteten in den Augeninnenraum, und das Blut versperrte mir die Sicht, vorerst nur auf einem Auge.

Mein erster Gedanke war: „Herr, warum schon wieder ich?!"

Statt einer eindeutigen Antwort folgte eine Welle von Untersuchungen in der Augenklinik. Nach vier Wochen durfte ich das Krankenhaus dann tatsächlich wieder verlassen. Zwar mußte ich immer wieder zu Laserbehandlungen ambulant in die Klinik kommen, doch das war erträglich, zumal mir in Aussicht gestellt wurde, daß durch die Laserstrahlen die Blutungen und das Wachstum der kranken Netzhautgefäße gestoppt werden könnten.

Von nun an begann ein ständiges Auf und Ab in meinem Leben. Das linke Auge blutete immer wieder, danach kamen kurze Ruhepausen, das Blut baute sich wieder ab, und die Sehstärke verbesserte sich. Jede erneute Blutung war zwar ein kleiner Schock, dennoch konnte ich damit leben, da ich ja immer noch das andere Auge als Reserve hatte.

Der größte Schlag kam im Oktober 1996: Plötzlich blutete auch mein bisher gutes, rechtes Auge sehr stark. Für mich war das eine

Katastrophe: Damit schwand auch meine letzte Sehreserve. In den ersten Tagen wollte ich morgens die Augen nicht mehr aufmachen, denn nur nachts sah ich mein Elend nicht. Die einzige Ablenkung waren meine Träume: Im Traum konnte ich alles deutlich erkennen.

Der Oberarzt in der Augenklinik gab die Hoffnung nicht auf, doch die einzige Operation, die eventuell Besserung bringen könnte, barg viele Risiken. Er wollte also lieber noch ein paar Wochen abwarten. Auch er dachte, daß die Blutung vielleicht von allein aufhört.

Statt der Besserung kam es aber zu einer stetigen Verschlechterung. An Weihnachten 1996 war die Sehstärke bei null Prozent angelangt. Es klingt komisch, aber gerade in dieser Zeit merkte ich, wie sehr mich Gott liebt. Er ließ mich nicht links liegen, nein, er schickte mir jede Menge Familienmitglieder, Bekannte und Freunde, die nicht nur im Gebet für mich einstanden, sondern auch ganz praktische Hilfe anboten. Niemals hörte ich leere fromme Phrasen, immer war echte Lebenshilfe dabei, wenn ich einen Brief, Anruf oder Besuch bekam. In einem Brief stand der Liedvers: „Unser Vater wird dich tragen, seine Gnade ist jeden Morgen neu. In den guten und in den schlechten Tagen bleibt er bei dir und ist dir immer treu."

Fünf Monate später entschloß sich der Augenarzt doch zu der Operation. Für mich war dieser Entschluß eine Erleichterung, denn dieser Eingriff bedeutete auch das Ende der Ungewißheit. Auf der einen Seite glaubte ich fast nicht mehr daran, daß sich mein Augenlicht wiederherstellen ließ, auf der anderen Seite hoffte ich schon, daß doch noch ein Wunder geschah.

Am Tag der Operation stand in der Losung: „Dennoch bleibe ich an dir; denn du hältst mich bei meiner rechten Hand." Ich war mir sicher: Gott wird es auf alle Fälle richten. Er wird mich an der Hand halten, mich hindurchtragen.

Vierundzwanzig Stunden nach dem „Tag X" wurde mir meine Augenbinde abgenommen. Sehen konnte ich noch nicht allzuviel, aber das sei normal, erklärte der Arzt mir. Nach einer Woche wurde ich mit bereits 40 Prozent Sehstärke aus der Klinik entlassen. Nach genau vier Wochen hatte ich wieder 100 (in Worten: hundert!) Prozent Sehkraft auf dem operierten Auge. Der Oberarzt sagte mir die unfaßbaren Worte: „Herr Knödler, Sie dürfen Ihr rechtes Auge als geheilt betrachten!"

Für mich ist diese Tatsache, daß ich wieder sehen und somit wieder lesen, Auto fahren und arbeiten kann, nicht zu fassen. Die anfängliche Skepsis weicht immer mehr der Freude und Dankbarkeit. „Großes hat der Herr getan" ist für mich nicht nur ein Lied, sondern inzwischen eine Tatsache, die mich mein Leben lang begleiten wird.

Natürlich steht weiterhin die Frage im Raum: Warum mußte ich durch ein solch tiefes Tal gehen? Ganz kenne ich die Antwort (noch) nicht, aber in mir dämmert eine leise Ahnung: Vielleicht war es das erste Mal, daß ich mich ausschließlich auf Gott verlassen mußte, vielleicht hätte ich ohne meine Krankheit nie gespürt, wie nah Gott sein kann? Gott greift ein, nicht nur gestern und vorgestern in Berichten der Bibel, sondern ebenso hier und heute!

Matthias Knödler, Deutschland

*Preist den Herrn, denn er ist gut,*
*und seine Gnade hört niemals auf!*
*Wer könnte seine mächtigen Taten alle aufzählen?*
*Wer könnte ihn jemals genug loben?*
Psalm 106, 1.2

*Und das waren gerade*
*die schwersten Zeiten*
*meines Lebens.*
*Besorgt fragte ich den Herrn:*

Mein Bruder Jay, zwei Freunde aus unserer Gemeinde (Derek und Rick) und ich waren zu einem Flug mit einer viersitzigen Cessna gestartet. Es war mein allererster Flug.

Kurz vor der Landung, als wir uns schon der Rollbahn näherten, versagte der Motor des kleinen Flugzeugs, und wir stürzten in einem Wäldchen ab, das in einer Schlucht lag. Jay, Derek und Rick waren sofort tot.

Vier Tage später wachte ich im Krankenhaus auf – gerade zu der Zeit, als in unserer Gemeinde die Trauerfeier für die drei anderen stattfand … Ich konnte mich an nichts mehr erinnern, um so größer war der Schock, als ich hörte, was geschehen war.

Während der langen Genesungszeit – ich hatte schwere Verletzungen am Knöchel und im Gesicht davongetragen – versuchte ich immer wieder, mich an meinen Bruder zu erinnern, aber es ging einfach nicht. Alles in meinem Gedächtnis war ausgelöscht – sein Aussehen, unsere gemeinsame Zeit, sein Lachen. Ich hatte nicht nur ihn verloren, sondern auch meine Erinnerung an ihn!

Als der Unfall passierte, war ich fünfzehn Jahre alt. Und auch jetzt, während ich dies schreibe, kann ich mich immer noch nicht an sein Gesicht oder den Klang seiner Stimme erinnern – wohl aber weiß ich, daß ich ihn sehr gern hatte und mich immer sehr wohl fühlte, wenn wir zusammen waren. Dieses Gefühl wird immer da sein, und ich danke Gott dafür.

Nachdem ich ungefähr einen Monat im Krankenhaus gelegen hatte, konnte ich langsam wieder Dinge im Gedächtnis behalten und mich auch an einige Sachen von früher wieder erinnern. Eine Krankenschwester erklärte meiner Mutter, das sei so ähnlich, als wolle man Akten ordnen, die völlig durcheinandergeraten sind. Es würde wohl einige Zeit dauern, vielleicht sogar zwei Jahre, bis alle „Akten" wieder geordnet seien.

Am 31. Oktober wurde ich mit Krücken aus dem Krankenhaus entlassen. Als ich zu Hause ankam, entdeckte ich ein großes, leuchtendes Schild in unserem Hof. Darauf stand: „Willkommen zu Hause, Karla!“ Meine ganze Jugendgruppe und andere Freunde waren gekommen, um mich zu begrüßen. Niemals werde ich das vergessen! Gott hat mich mit vielen guten Freunden beschenkt und mit einer starken Gemeinde, in der wir alle wie eine Familie sind. Durch sie hat Gott uns getragen.

Im Unterbewußtsein kämpfte ich mit der Bitterkeit. Immer wieder ertappte ich mich dabei, daß ich dachte: Was für ein großartiger Junge war doch Jay, wie viel hatte er zu geben und wie sehr wurde er von den Menschen geliebt! Er war klug und einfühlsam – einfach großartig. Er hätte alles werden können, was er wollte, weil er so vielseitig begabt war. Er spielte in verschiedenen Orchestern und in einer Rockband, er hatte so viele Freunde. Warum mußte gerade Jay sterben? Warum nicht ich?

Es ist schwer, Gottes Antwort auf diese Frage zu beschreiben, aber er antwortete mir. Er antwortet mir auch jetzt noch mit einer stillen, sanften Stimme, indem er sagt: „Vertraue mir einfach.“ Ich vertraue ihm einfach, und er erfüllt mich mit einem unglaublichen Frieden, den ich nicht beschreiben kann. Wenn es das ist, was man bekommt, wenn man ihm vertraut, dann möchte ich ihm immer und in jeder Situation vertrauen!

Kürzlich sagte unser Pastor in einer Predigt, daß man die Bedeutung eines Menschen erst dann ermessen kann, wenn er nicht mehr da ist. Ich kann mich nicht erinnern, daß ich Gott je für Jay dankte, als er noch am Leben war. Er war ein wunderbarer Junge, aber das hatte ich ihm nie gesagt, weil es mir gar nicht so richtig bewußt war. Ich danke Gott für die Zeit, die wir zusammen erleben durften. Er brachte mich oft zum Lachen, und wo immer Jay auch hinkam, dort wurde gelacht. Sicher würde er auch heute wünschen, daß ich lache.

Meine Mutter hat mir erzählt, sie sei lange Zeit nicht mehr fähig gewesen, ihre Bibel aufzuschlagen. „Wie konnte Gott das zulassen – noch dazu bei zwei Familien, die ihm so treu dienten? Ist das wirklich ein liebender Gott?" Es dauerte lange, bis sie das verarbeitet hatte. Mir dagegen ersparte Gott diese Fragen. Erst als der Schock vorbei war, dachte ich wieder an Jay.

Heute kämpfe ich immer noch mit dem Gedächtnisverlust, mit meinen Grenzen und mit der Bitterkeit, die doch von Zeit zu Zeit wieder hochkommt. Wenn ich mich am Boden zerstört fühle, dann trägt mich die Gnade Gottes hindurch, und sie wird mich auch weiterhin durchtragen. Es war Gottes Barmherzigkeit, die mein Leben gerettet und meinen Knöchel soweit geheilt hat, daß ich ihn wieder fast normal bewegen kann. Es ist auch eine Gnade Gottes, daß er mir das Gedächtnis genommen hat. Denn ich denke, wenn ich mich an Jays Gesicht und an den Klang seiner Stimme erinnern könnte und an den Absturz selbst, dann hätte ich bestimmt irgendeinen seelischen Schaden davongetragen. Aber Gott mutet uns nichts zu, was wir nicht ertragen können.

Ich denke oft zurück an die drei jungen Männer und wieviel Freude sie am Leben hatten. Diese Lebensfreude wünsche ich mir auch – und das tiefe Verständnis von Gott, das sie hatten. Eins wurde mir durch diesen Unfall ganz deutlich: daß wir nicht wissen, wie lange wir noch leben. Nur Gott weiß das. Deshalb müssen wir das Beste aus unserem Leben machen und einsehen, daß alles zu unserem Guten ist: „Wer Gott liebt, dem dient alles, aber auch wirklich alles zu seinem Heil" (Römer 8, 28).

Ich danke Gott für diese Zusage, und ich bete, daß ich niemals eine Minute meines Lebens an etwas verschwende, das gegen Gottes Plan ist. Ich will ganz und gar für ihn leben.

Karla, Ontario

*Herr, du machst die Finsternis um mich hell,*
*du gibst mir strahlendes Licht.*
Psalm 18, 29

Im Februar vergangenen Jahres hatte ich in der Nacht starke Herzbeschwerden. Am Morgen wollte ich zum Arzt, als ich plötzlich ohnmächtig wurde. Ich wachte erst wieder auf, als der Arzt an meinem Bett saß. Noch am gleichen Tag wurde ich ins Krankenhaus eingewiesen.

Viele Untersuchungen wurden durchgeführt. Nach Tagen wurde eine Knochenmarkuntersuchung gemacht – Ergebnis: Leukämie! Ich konnte es zuerst nicht glauben, doch ich mußte mich in die Wahrheit fügen. Für mich und meine Familie war es ein Schock.

Darauf folgten noch viele Untersuchungen. Die Angst vor jedem Ergebnis war groß, vor allem vor einer Chemotherapie. Ich war nervlich total am Ende, deshalb wurde ich erst einmal für ein paar Tage nach Hause geschickt, um dann mit der Therapie zu beginnen.

Es war in der Nacht zum Karfreitag. Ich lag im Krankenzimmer, hatte meine Chemo-Tabletten geschluckt, mir war übel. Eine panische Angst vor der Krankheit überfiel mich. Ich las in Luthers Predigten, las in meinem Gesangbuch – und da stieß ich auf den Vers:

*Ich rief zum Herrn in meiner Not:*
*ach, Gott, erhör mein Schreien!*
*Da half mein Helfer mir vom Tod*
*und ließ mir Trost gedeihen.*

Immer wieder las ich diesen Vers, bis ich ihn auswendig konnte, und auf einmal wurde ich ruhig. Ich spürte: Gott war mir ganz nahe. In einer Predigt Luthers las ich den Satz: „Trübsale müssen sein, damit man sich von der Welt leichter lösen kann."

Viel, viel Liebe habe ich in dieser Zeit erfahren dürfen durch meine Familie, viele Besucher kamen aus dem Ort, Freunde und Bekannte – und alle sagten: „Erna, wir beten für dich." Das hat mir viel Kraft gegeben und sich auf mein ganzes Befinden ausgewirkt. Mein Hausarzt meinte, ich hätte eine große Chance aufgrund meiner getrosten Einstellung …

Immer wieder mußte ich zur Kontrolle ins Krankenhaus. Ein Jahr lang alle drei Wochen Chemotherapie, danach Übelkeit und Depressionen – und Angst vor den Ergebnissen.

Jetzt sind meine Blutwerte zufriedenstellend. Nach der letzten Untersuchung wurde mir mitgeteilt: „Sie sind als geheilt entlassen!" Mein Arzt sagte dazu: „Sie haben ein einmaliges, außergewöhnliches Glück!" Ich konnte es gar nicht fassen.

Heute bin ich dankbar für jeden Tag, an dem es mir gut geht. Ich weiß: Mein Leben liegt in Gottes Hand. Viele Liedverse habe ich seitdem gelernt, sie begleiten mich am Tag und auch in der Nacht. Mein tägliches Gebet war und ist auch heute noch:

*„Meinen Leib und meine Seele*
*samt den Sinnen und Verstand,*
*großer Gott, ich dir befehle*
*unter deine starke Hand.*
*Nirgends als durch dich allein*
*kann ich wohl bewahret sein."*

Erna Vey, Deutschland

---

*Wie gut ist es, dir, Herr, zu danken*
*und dich, du höchster Gott, zu besingen,*
*schon früh am Morgen deine Gnade zu loben*
*und noch in der Nacht deine Treue zu preisen.*
Psalm 92, 2.3

---

Am 1. Februar 1991, einem Freitag, bat mich meine damals 14jährige Tochter Uta, mit ihr auf einen nahegelegenen Weiher zum Schlittschuhlaufen zu gehen. Ich tat ihr den Gefallen, und wir beide hatten viel Freude dabei, unsere Runden auf dem Eis zu drehen, unsere bescheidenen Kunststücke vorzuführen und einander zu jagen.

„Ich glaube, jetzt ist es genug", meinte ich schließlich, doch meine Tochter bat darum, ihr noch eine Runde zu gewähren, sie wolle mich noch einmal fangen.

Ich ließ mich natürlich bitten, freilich mit der Bemerkung, daß ich ja wohl doch der Schnellere von uns beiden sei ... Väterlicher Ehrgeiz.

Wir fuhren los: ich voraus, Uta mir dicht auf den Fersen. Und dann passierte es – wie, das weiß bis heute niemand zu sagen. Von sehr weit weg hörte ich, wie meine Tochter mich rief und immer wieder rief. Dann kam ich langsam wieder zu mir. Von den anderen Schlittschuhläufern schien niemand den Vorfall und das Rufen des Mädchens bemerkt zu haben.

Nach einer Weile rappelte ich mich hoch, Uta half mir, an den Weiherrand zu gelangen, die Schuhe zu wechseln und nach Hause zu kommen. Daß ich wohl eine ordentliche Gehirnerschütterung mitbrachte, war mir schon klar. Aber die damit verbundene Benommenheit und Übelkeit würden schon wieder vergehen. Einen Arzt aufzusuchen, hielt ich nicht für nötig. So schlimm war die Sache ja nun doch nicht.

Aber die Sache wurde schlimm. Zwei Tage später wurde es um mich her zunehmend dunkel, und ich versank in eine Art Dämmerzustand, der wochenlang anhielt. Die ärztliche Diagnose, die jetzt natürlich gesucht werden mußte, lautete: Schädelprellung, Commotio, Verdacht auf Contusio, Sickerblutung und verschiedene Läsionen in Kleinhirnbereichen. Soforthilfemaßnahmen waren nicht mehr möglich wegen zu später Konsultation!

Für mich begann eine schlimme Zeit. An Arbeit – ich war damals Schulleiter einer Hauptschule – war vorläufig nicht zu denken. Alle sonstigen Dinge, die ich gern tat und zu tun hatte, mußten liegenbleiben oder delegiert werden. Meine Tochter mußte in einer ganz anderen Weise getröstet werden: Ihre Schuldgefühle wurden übermächtig. Meine Frau hatte mehr als alle Hände voll zu tun. Und mir waren alle Hände gebunden ... Der Kopf war kaum zu klaren Gedanken fähig, der Körper verweigerte fast alle Aktivitäten.

Ein jämmerlicher Zustand, der wohl zwangsläufig zu einer gewissen Depression führte und zu der immer stärker werdenden Frage: Wo war Gott? Wo war der Herr, dem doch mein Leben gehörte und dem ich vielfältig gedient hatte? Die Warum-Frage wurde übermächtig. Antworten bekam ich keine, trösten konnte mich kaum jemand, wenngleich ich in Familie und Gemeinde sehr viel Zuspruch erfahren habe.

Im Mai bekam ich einen Platz in einer REHA-Klinik, in der man sich sehr um den Fortschritt meiner Genesung bemühte. Aber aus meiner Depression konnte mich niemand herausholen. Weder die Ärzte und Therapeuten, deren Bemühungen ich nur loben kann, noch die häufigen Besuche meiner Frau. Auch nicht die täglichen Losungsworte und Bibelabschnitte, die ich inzwischen, wenn auch mit Mühe, wieder lesen konnte.

Dann – nach drei Wochen Klinikaufenthalt – gab es eine denkwürdige Nacht: Ich lag wieder einmal wach, und der Schlaf wollte sich nicht einstellen. Dafür kamen wieder diese quälenden Gedanken, wirres Zeug rotierte in meinem Kopf. Dazu immer wieder die Frage: Warum? Warum mußte dieser Eissturz passieren? Warum dauerte der Heilungsprozeß so lange? Und wenn der Kopf nicht wieder in Ordnung kam? Wenn ich meinen Beruf drangeben mußte? Wenn ich dies und jenes nicht mehr, nie mehr tun könnte? Wenn ...?

Diese Nacht war wohl die schlimmste, die ich in meinem Leben durchstehen mußte.

Dann passierte etwas, das ich in dieser Weise nie erlebt hatte und was ich nie vergessen werde: Ich hörte plötzlich eine Melodie. Ich wußte nicht, woher sie kam, aber ich hörte sie so deutlich, als würde in meinem Zimmer musiziert. Und ich erkannte sie sofort: Es war die Sopranstimme aus der Vertonung des 43. Psalms von Felix Mendelssohn-Bartholdy. „Was betrübst du dich, meine Seele, und bist so unruhig in mir? Harre auf Gott! Denn ich werde ihm noch danken, daß er meines Angesichts Hilfe und mein Gott ist."

Wie oft hatte ich diesen Psalm im Chor mitgesungen, und was vermochte er mir in meiner Situation jetzt zu sagen! Es war, als brächte jemand zur Musik Licht in mein Klinikzimmer und in meine Seele und als wäre da jemand, der alle meine schweren Gedanken und Fragen einsammelte und mit sich forttrüge. Ein starker Druck wurde spürbar von mir genommen, die Fragen verflogen.

Mir wurde richtig leicht ums Herz, und ich begriff, daß meine Situation, in der ich mich befand, kein Zufall war. Gott hatte seine Hände im Spiel, und er hatte offenbar seine besondere Geschichte mit mir vor. Also: „Was betrübst du dich, meine Seele, und bist so unruhig in mir?"

Der nächste Tag hatte ein ganz anderes Gesicht. Die Fragen nach dem Warum waren nicht mehr da. Sie waren einer gespannten Erwartung gewichen, was Gott denn nun aus dieser Geschichte machen würde. Ich hatte die Verheißung, daß ich ihm noch danken würde für seine Hilfe. Das war mir jetzt genug. Das gab Trost und Zuversicht. Und das gab Mut, zu neuen Ufern aufzubrechen, wenngleich ich vielleicht mit der Gewißheit leben mußte, daß ich nie wieder die frühere Gesundheit zurückbekommen würde, weil tatsächlich organische Schäden dies unmöglich machten.

Der Genesungsprozeß ging auch in der Folgezeit sehr langsam vorwärts. Auf vieles, was mir früher selbstverständlich und lieb war, mußte ich verzichten lernen. Es gibt tatsächlich Dauerschäden. So wurde ich vorzeitig pensioniert, weil die Rückkehr in den Schuldienst unmöglich war. Dafür hat mich der Herr in einen ganz anderen Dienst gestellt, den ich mit reduzierter Kraft dennoch tun kann: Ich darf als freier Mitarbeiter eines Missionswerkes helfen, Menschen die frohe Botschaft zu bringen, und davon Zeugnis geben, daß Gott zu seinen Verheißungen steht.

Lothar von Seltmann, Deutschland

*Ich will den Herrn loben und nie vergessen,*
*wieviel Gutes er mir getan hat.*
Psalm 103, 2

Im Mai 1987 nahm Gott unser vier Monate altes Söhnchen zu sich. In dieser Zeit schickte mir ein sehr guter Freund das Gedicht „Spuren im Sand". Es war für mich eine Bestätigung, daß Gott mich in dieser schweren Zeit nicht verlassen würde.

Mein Mann und ich lasen dieses Gedicht bestimmt einige hundert Mal, um uns daran zu erinnern, daß auch in dieser unverständlichen Situation Gottes mächtige Hand am Werk war. Wir wollten glauben, daß Gott unsere zerbrochenen Herzen heilen, unsere Tränen trocknen und uns so stärken würde, daß wir ihm weiterhin dienen konnten.

Wir danken Gott, daß er Ihnen diese wertvollen Worte ins Herz gelegt hat.

Kelvin und Lea, New Brunswick

Heute vor einer Woche, am 16. August 1995, rief ich schweren Herzens meine Nichte an, die in einem kleinen Dorf in England lebt. Einige Tage zuvor war ihr ältester, unverheirateter Sohn im Alter von 26 Jahren bei einem Motorradunfall ums Leben gekommen. Es ist nicht leicht, die passenden Worte zu finden, wenn man eine verzweifelte Mutter trösten will.

Während unseres Gesprächs erwähnte meine Nichte, sie hätte statt der üblichen Danksagungskarten gutes Briefpapier gekauft, auf dem „Spuren im Sand“ abgedruckt war, denn dieses Gedicht hätte sie in der Zeit sehr getröstet.

Meine Nichte war überrascht, als ich ihr sagte, daß ich demnächst mit der Dame zum Essen verabredet sei, die jene segensreichen „Spuren im Sand“ geschrieben hat. Ich lebe fast zehntausend Kilometer von England entfernt, und wir staunten über Gottes wunderbare Führung. Nur er konnte das getan haben, weil er wußte, welchen Kummer wir hatten und welchen Trost das Gedicht bringen würde.

Ella, British Columbia

Mein Mann kam mit 32 Jahren bei einem Hubschrauberabsturz ums Leben. Ein paar Tage später bekam ich zum Geburtstag ein gerahmtes Bild mit Ihrem Gedicht. Es war bereits vor dem Unfall abgeschickt worden, deshalb glaube ich nicht, daß dies ein Zufall war. Die Worte haben mich sehr getröstet in einer Zeit, in der mein Glaube schwer auf die Probe gestellt wurde. Ich kann nicht behaupten, daß ich danach nie wieder Zweifel hatte, aber es hat mir sehr geholfen. Auf jeden Fall kommen mir immer die Tränen, wenn ich Ihr Gedicht lese.

Karen, Virginia

Ich erfuhr, daß mein Onkel im Sterben lag. Die Zeit, die ihm nach Meinung der Ärzte noch verblieb, war so kurz, daß ein Brief ihn vielleicht nicht einmal mehr rechtzeitig erreichte. Als ich das hörte, war ich gerade in Kanada, während mein Onkel in Ohio lebte. Also setzte ich mich hin, um ihm zu schreiben ... Aber was schreibt man einem Sterbenden – vor allem, wenn man ihn nicht besonders gut kennt?

Zum letzten Mal sah ich meinen Onkel vor fast zehn Jahren, und zwar bei dem einzigen Familientreffen, das wir je hatten. Es war ein wunderschönes Beisammensein! Meine drei Onkel nahmen einige von uns Kusinen zu den alten Plätzen unserer Heimat mit: zum alten Schulhaus und zu der kleinen Kirche mit ihrem Friedhof. Meine Mutter, die einzige Schwester meiner drei Onkel, war vor vielen Jahren gestorben, als ich noch klein war. In einem bestimmten Augenblick spürte ich eine besondere Verbindung zu meinem Onkel. Vielleicht sah er in mir sein „Schwesterchen"? Ich weiß noch, daß er ein stiller Mann war und lieber seine Brüder reden ließ. Schon seit vielen Jahren war er Witwer und hatte keine Kinder.

Jetzt saß ich da – voller Bedauern, daß ich ihn nicht besser kennengelernt hatte – und fragte mich, was ich ihm schreiben sollte, was ihn vielleicht trösten und ermutigen könnte.

„Bitte, Herr, hilf mir, und zeig mir, was ich schreiben soll", betete ich, und sofort kam mir das Gedicht „Spuren im Sand" in den Sinn. Ich besaß kein schriftliches Exemplar des Textes, deshalb gab ich das Gedicht mit meinen eigenen Worten wieder.

Sinngemäß schrieb ich: Gott, der Herr, geht mit uns Hand in Hand durch das Leben. Wenn wir zurückschauen, können wir die beiden Fußspuren sehen, aber in den schweren Zeiten, wenn wir vielleicht nur eine Spur sehen, heißt das nicht, daß er uns verlassen hat. Nein, dann hat der Herr uns getragen. Ich versicherte meinem Onkel, daß der Herr auch ihn durch diese schwere Zeit seines Lebens tragen werde.

Später erfuhr ich, daß mein Brief ihn noch rechtzeitig erreicht hat. Er war tief berührt von dem Brief und wunderte sich, daß er nie zuvor von dem Gedicht gehört hatte! In jener Nacht bat er seinen Neffen immer wieder, meinen Brief noch einmal vorzulesen. Die ganze Nacht hindurch hielt er Rückschau auf sein eigenes Leben und dachte an die Menschen, die er um Vergebung bitten wollte. Als der Morgen schon graute, sagte er schließlich: „Jetzt bin ich bereit, mich vom Herrn tragen zu lassen."

Zu seiner Beerdigung kamen viele Menschen. Weil das Gedicht „Spuren im Sand" meinen Onkel so tief berührt hatte, zitierte der Pfarrer es in seiner Grabrede. Ob mein Onkel es bemerkt hatte oder nicht, der Herr war an allen Tagen seines Lebens mit ihm gegangen.

Marilyn, British Columbia

Meine liebe Mutter ist erst vor fünf Wochen gestorben. Sie hatte das Gedicht „Spuren im Sand" einige Jahre vorher von einer guten Freundin erhalten. Diese Freundin war inzwischen an Krebs gestorben, und das Gedicht hatte ihr viel Trost und Kraft gegeben.

Bei der Beerdigung meiner Mutter las mein Cousin Ihr Gedicht vor. Ein Gefühl des Friedens und der Ruhe überkam uns alle.

Auf der Suche nach etwas Besonderem für meinen Vater entdeckte ich in unserem christlichen Buchladen ein Exemplar Ihres Buches. Auf diese Weise werden uns die Worte, die meiner Mutter soviel bedeutet haben, auch an diesem Weihnachtsfest trösten.

Ich weiß, daß meine Mutter jetzt beim Herrn ist. Mein Glaube wurde durch ihren Tod zwar auf die Probe gestellt, aber er wurde auch gestärkt. Danke, daß Sie unserer Familie und so vielen anderen Menschen auf der ganzen Welt diese trostreichen Worte geschenkt haben.

Jan, England

*Dieser Brief wurde ursprünglich an Joni Eareckson Tada geschrieben, die (durch Unfall gelähmte) Autorin verschiedener Bücher. Mike, der den Brief schrieb, schickte später eine Kopie an Margaret Fishback Powers.*

Heute hatte ich in British Columbia den wunderbarsten Tag, den man sich vorstellen kann. Meine Frau und ich lernten durch einige wirklich merkwürdige Umstände Margie und Paul Powers kennen. Wir tauschten viele Gedanken aus und aßen zusammen. Während dieser Zeit erzählte ich ihnen, wie ich mir 1981 bei einem Autounfall in Australien den Hals brach. Dieses Ereignis sollte in den folgenden dreizehn Jahren und sicher auch noch darüber hinaus mein Leben verändern.

Während meiner Genesungszeit wurde uns allmählich klar, daß ich möglicherweise für immer querschnittgelähmt bleiben würde. Das war für mich und für meine Familie eine sehr quälende Zeit. Aber es gab dann einige Dinge, die mir die Kraft schenkten, weiterzumachen und eine zuversichtlichere Einstellung zu dem zu gewinnen, was ich damals nur als Unglück bezeichnen konnte.

Das erste war das Gedicht „Spuren im Sand“, dessen Verfasserin (Margaret Fishback Powers) ich jetzt kennenlernen durfte. Das zweite war Ihr Buch, das ich mit Hilfe einer Lesevorrichtung im Krankenhaus und später zu Hause lesen konnte.

Ihr und Margies Werk, Ihr Leben und Ihre Hilfe bedeuten mir sehr viel – wie auch vielen anderen Menschen, die Sie nicht persönlich kennen, die aber durch Ihr Werk den Willen zum Durchhalten und zum Überwinden der eigenen Probleme bekamen.

Mike, Australien

Ich schreibe diesen Brief, weil ich Ihnen mitteilen will, was das Gedicht „Spuren im Sand“ meinem Sohn (und jetzt auch mir) bedeutet.

Es war Weihnachten, und ich wollte nicht daran denken, daß mein Sohn und mein Enkelsohn nicht hier sein würden. Aber nun kamen sie doch am Heiligabend nach Hause, und ich sagte: „Wir gehen zum Gottesdienst. Wer will mitkommen?“

„Ich gehe mit!“ sagte mein Sohn. Das verblüffte mich, denn ich hatte damit gerechnet, ihn erst groß darum bitten zu müssen.

Als wir in die Kirche kamen, traf er einen Freund. Zuletzt hatte er diesen Freund im Krankenhaus gesehen. Man hatte nicht erwartet, daß er überlebte, aber nun war er da! Inzwischen war dieser Mann Christ geworden.

Als der Pastor Gelegenheit gab, seinen Glauben zu bezeugen, gingen mein Sohn, mein Enkel und dieser Mann nach vorn und stellten sich zusammen mit anderen am Altar auf.

Ich war wie betäubt! Die ganze Zeit hatte ich für meinen Sohn gebetet, und gerade zu der Zeit, als ich nicht im entferntesten damit rechnete, beschloß Gott, meine Gebete zu erhören!

Als wir die Kirche verließen, sagte er: „Mutti, ich wette, du hast nie gedacht, daß ich das einmal tun würde!“ Der Name meines Sohnes war nun im Buch des Lebens eingeschrieben. Zu der Zeit wußte ich noch nicht, wie wichtig das sein würde …

Eines Abends rief er mich an und fragte: „Kennst du das Gedicht ‚Spuren im Sand‘?“

Ich sagte: „Ja. Wo hast du es denn gesehen?“

„Es hängt hier, wo ich das Haus hüte, an der Wand. Es gefällt mir.“

Ich meinte: „Ich kann mich nicht mehr an das ganze Gedicht erinnern, aber es heißt darin, daß Gott uns in schweren Zeiten trägt.“

Einige Tage später rief er wieder an: „Erinnerst du dich an das Gedicht ‚Spuren im Sand‘?“

„Ja, ich habe es dir geschickt. Hast du es bekommen?“

Er sagte: „Ja, Mutti, und jetzt habe ich es verstanden.'

Erst jetzt verstehe auch ich, wieviel diese Worte noch bedeuten sollten. Wenige Monate später kam mein Sohn nämlich bei einem Autounfall ums Leben. Am liebsten wäre ich mit ihm gestorben! Ich konnte den Schock und die Trauer einfach nicht verkraften. Doch als der Pastor zu beten begann, überkam mich auf einmal eine Ruhe, wie ich sie nie zuvor gekannt hatte. Nun wußte ich, daß Gott alles in der Hand hatte, daß er bei mir war und mich tragen wollte.

An einem der folgenden Tage wachte ich morgens gegen 3 Uhr auf und fing an zu schreiben. Ich dachte an das, was mir mein Sohn über die „Spuren im Sand" gesagt hatte. In seiner schweren Zeit, in seiner Verwirrung und durch unsere Gebete hat ihm Gott mit dem Gedicht geholfen. Die Worte klangen mir noch im Ohr: „Mutti, jetzt habe ich es verstanden." Was konnte ich von Gott noch mehr erbitten? Frieden und die Gegenwart Gottes!

Nach diesem Erlebnis wollte ich „Spuren im Sand" unbedingt auf den Grabstein meines Sohnes schreiben lassen. Wir erkundigten uns bei verschiedenen Stellen, aber überall sagte man uns, das ginge nicht. Dann fuhren wir zu dem Mann, der sich um den Friedhof kümmert. Bevor wir aus dem Auto stiegen, betete ich unter Tränen zu Gott: „Wenn du willst, daß ‚Spuren im Sand' auf seinen Grabstein kommt, dann mußt du selbst dafür sorgen, denn ich kann nicht mehr." Im Büro zeigte ich dem Mann das Gedicht und sagte, daß ich es auf dem Grab haben wolle, wenn das möglich sei. Und es war möglich! Es war damals der erste Grabstein dieser Art, und jetzt steht er auf dem Grab meines Sohnes. Wieder hat Gott gehandelt!

Vera, Alberta

Im Jahr 1969 oder 1970 war ich zwölf oder dreizehn Jahre alt und kannte Gott noch nicht. Aber ich stand vor einer Lebenskrise, die den Rest meiner Jugendjahre überschatten sollte.

Eines Nachts träumte ich, meine Mutter habe ein Verhältnis zu einem anderen Mann. Damals wußte ich noch nicht, daß dies wirklich der Fall war. Was mir von diesem Traum in Erinnerung blieb, war ein beklemmendes Gefühl über dieses Wissen und, aus einem seltsamen Grund, der Anblick von ein paar Fußspuren am Strand. Das ging mir jahrelang nicht aus dem Sinn, aber ich konnte mir nie erklären, was die Spuren im Sand zu bedeuten hatten.

In der Zwischenzeit habe ich natürlich schon öfter Ihr Gedicht gelesen und bin sehr bewegt von seiner tiefgründigen Aussage. Anfang der siebziger Jahre wurde ich dann Christ.

Aber erst im vergangenen Jahr, während einer schweren seelischen Krise, kam mir beim Beten noch einmal der Traum in den Sinn, der schon so viele Jahre zurückliegt. Und wieder tauchte für einen kurzen Augenblick das Bild von den Spuren im Sand vor mir auf. Was es wohl bedeutete? Diesmal beantwortete Gott meine Frage. Ihr Gedicht fiel mir ein, das von den Spuren im Sand handelt, und blitzartig wurde mir klar, was es mit meinem Traum zu tun hatte. Es war so offensichtlich, aber weshalb hatte ich das nicht schon früher gemerkt?

Als junges Mädchen warnte mich Gott vor einem bevorstehenden Unglück – und zeigte mir, daß er mich durch diese schwierigen Zeiten tragen würde – genau wie er mich in diesem Augenblick trug.

Ich weinte und dankte Gott für all die Zeiten, in denen er mich schon getragen hatte. Dann bat ich ihn – ganz einfältig –, dafür zu sorgen, daß ich eine Abschrift des Gedichts in die Hände bekomme. Innerlich dachte ich wohl: „Nun, wie wird er das wohl machen?" – aber ich brauchte nicht lange auf die Antwort zu warten.

Noch am selben Abend nahm ich ein Buch zur Hand, in dem ich

schon zu lesen angefangen hatte – und ein paar Seiten weiter stand doch tatsächlich das Gedicht „Spuren im Sand“!

Es tut mir leid, daß Sie wegen der Urheberrechte Ihres Gedichtes soviel Ärger hatten! Aber mir ist es auf diese Weise besonders wertvoll erschienen, weil ich nämlich den Eindruck hatte, als kämen die Worte von Gott selbst.

Lorrissa, Kalifornien

*Jetzt aber bleibe ich immer bei dir,*
*und du hältst mich bei der Hand.*
*Du führst mich nach deinem Plan*
*und nimmst mich am Ende in Ehren auf.*
Psalm 73, 23.24

Soeben habe ich Ihr Buch „Spuren im Sand“ gelesen. Das besinnliche Gedicht kannte ich schon seit vielen Jahren – und es hat mich oft ermutigt und beeindruckt. Als ich es zum ersten Mal las, schien es mir nur angemessen, daß solch ein göttlich inspiriertes Werk keinen Verfassernamen trug.

Auch wenn Ihr Werk gestohlen wurde und andere sich unrechtmäßig daran bereicherten, hat die Anonymität des Gedichts, so glaube ich, die göttliche Botschaft, die dahintersteht, verstärkt. Mit anderen Worten: Aus einer bösen Sache ist etwas Gutes geworden – Gott hat aus Ihrem Verlust einen Gewinn gemacht. Bestimmt wartet eine Belohnung im Himmel auf Sie.

Möge Gott Ihre Arbeit auch weiterhin segnen!

Kevin, Pennsylvania

Soeben las ich das Buch „Spuren im Sand – Ein Gedicht, das Millionen bewegt, und seine Geschichte“. Es hat mich tief ergriffen. Meiner Mutter und mir bedeutet dieses Gedicht schon seit mehreren Jahren sehr viel.

Zum ersten Mal sah ich Ihr Gedicht bei einem Mann, der in einem abgelegenen Dorf im Norden von Ontario lebt. Dieser Mann hatte gerade seinen Sohn verloren. Als ich ihn besuchte, hielt er Ihr Gedicht in der Hand. Das war im September 1983. Ich war drei Jahre lang Lehrer in diesem Dorf. Als ich entdeckte, daß das Gedicht ganz in der Nähe vom Camp Iawah und vor gar nicht so langer Zeit geschrieben wurde, war das schon etwas Besonderes für mich.

Ich kann gut nachvollziehen, wie Sie mit der Bitterkeit zu kämpfen hatten, wie Sie alles richtig machen wollten und dabei lernen mußten, alles Gott zu überlassen. Aber neulich kam mir ein Gedanke, von dem ich hoffe, daß er Sie tröstet. Also: Gerade dadurch, daß Ihr Gedicht verlorenging, konnten es Millionen Menschen kennenlernen – und es wurde für viele zu einem gewaltigen Trost. Es ist ein richtiges Wunder!

Bruce, Ontario

*Gott sagt: „Meine Gedanken sind nicht eure Gedanken,*
*und meine Wege sind nicht eure Wege.*
*Denn wie der Himmel die Erde überragt,*
*so sind auch meine Wege viel höher als eure Wege*
*und meine Gedanken als eure Gedanken.“*
Jesaja 55, 8.9

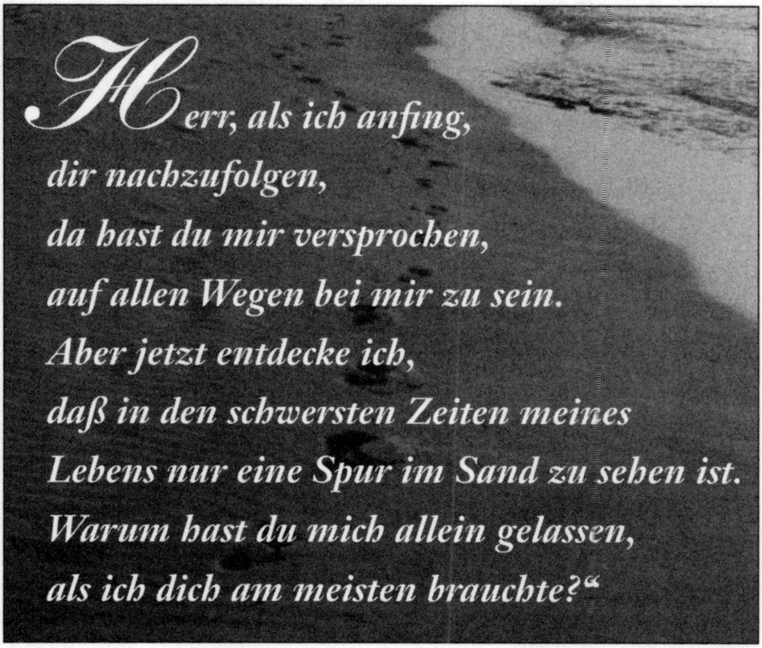
Herr, als ich anfing,
dir nachzufolgen,
da hast du mir versprochen,
auf allen Wegen bei mir zu sein.
Aber jetzt entdecke ich,
daß in den schwersten Zeiten meines
Lebens nur eine Spur im Sand zu sehen ist.
Warum hast du mich allein gelassen,
als ich dich am meisten brauchte?“

Mit großer Freude habe ich das Buch über die Entstehung des Gedichts „Spuren im Sand“ gelesen. Ich kann dieses Gedicht nur unterschreiben, denn auch mich hat Gott durch die schwersten Zeiten meines Lebens getragen.

Am 2. Oktober 1993 – es war ein Samstag – kam mein 41jähriger Mann mit starken Kopfschmerzen vom Sport zurück. Tagelang aß und trank er nichts; er klagte über Augenschmerzen und konnte nicht schlafen. Der Arzt gab ihm Antibiotika und Schmerzmittel. Mein Mann behauptete zwar, es gehe ihm schon wieder besser, aber in Wirklichkeit wurde es immer schlimmer.

Am Samstag merkte ich, daß er Schwierigkeiten beim Sprechen hatte. Das beunruhigte mich sehr. Ich rief einen guten Freund an und bat ihn herüberzukommen. Nachdem er meinem Mann ungefähr eine Stunde lang beobachtet hatte, schlug er vor, ich solle ihm viel zu trinken geben und dafür sorgen, daß er etwas ißt.

Als ich am Sonntag mit den Kindern aus der Kirche kam, gab es neuen Grund zur Sorge. Seine Eltern kamen vorbei; um zu sehen, wie es ihm ging. Sie meinten, er sehe schon wieder besser aus, und wir sollten vielleicht noch zwei Tage abwarten. Kurz nachdem seine Eltern gegangen waren, wollte mein Mann etwas sagen, aber ich konnte ihn nicht verstehen. Ich gab ihm einen Stift und einen Notizblock und bat ihn, es aufzuschreiben. Er schrieb die Worte: „Wir kamen sind“ … Da wußte ich, daß ich ihn umgehend ins Krankenhaus bringen mußte. Das Krankenhaus ist nur etwa 8 Kilometer von uns entfernt, wir waren also nicht lange unterwegs. Aber als wir dort ankamen, konnte er fast überhaupt nicht mehr sprechen. Er konnte nicht sagen, welches Jahr wir hatten, wie der Präsident der Vereinigten Staaten hieß, ja er kannte nicht einmal mehr seinen eigenen Namen. Auf der rechten Körperseite trat eine Lähmung ein.

Am Montag stellte man ein großes Aneurysma (krankhafte Erweiterung der Schlagader) in der linken Gehirnhälfte fest. Man sagte mir, eine Schädeloperation sei unumgänglich. Ich fühlte mich verloren, verängstigt und verlassen – dort auf der Intensivstation im 5. Stock der Klinik. Auf dem Heimweg ging ich bei unserer Gemeinde vorbei, weil ich das starke Bedürfnis hatte, mit jemand zu reden. Ich traf dort den Pastor (einen guten Freund von uns), und gemeinsam baten wir Gott, uns mit seiner Liebe und Gnade beizustehen.

Zu Hause war ich dann ganz allein. Ich weiß nicht mehr, ob es noch am Abend war oder erst am frühen Morgen, als ich schließlich auf meine Knie ging und betete. Ich schüttete Gott mein Herz aus und sagte ihm, daß ich nicht mehr ein noch aus wisse. Ich bat ihn, mich in seine Arme zu nehmen und mir Kraft zu geben. Ich bat ihn auch, meinem Mann beizustehen und uns zu führen und zu leiten. Mein Gebet wurde erhört, denn Gott gab mir eine ungeheure Kraft. Ich mußte ja stark sein, um meinem Mann, meinen drei Kindern und seinen Eltern beizustehen!

Der Neurochirurg eröffnete mir klipp und klar, daß es nur zwei Möglichkeiten gab: entweder mit der Operation elf Tage zu warten, bis die Schwellung zurückgehen und die Verkrampfung der Blutgefäße sich lösen würde – oder sofort zu operieren. Obwohl er eigentlich lieber warten wollte, brachte er auch den Ernst der Lage zum Ausdruck. Er sagte: „Es tut mir im Herzen weh, wenn ich einen Mann in meinem Alter so krank daliegen sehe. Aber ich kann Ihnen nicht versprechen, daß er es überleben wird, wenn wir ihn jetzt gleich operieren."

Sein Zustand verschlimmerte sich zusehends, und ich wußte, daß die Zeit drängte. Ich bat seine Eltern (die am Ort wohnen), auch zur Besprechung mit den Ärzten ins Krankenhaus zu kommen, um mir bei der Entscheidung, die nun getroffen werden mußte, zu helfen.

Sein Vater sagte: „Mein Sohn ist eine Kämpfernatur. Er würde wollen, daß wir es wagen." Wir stimmten alle zu, und kurze Zeit später wurde die Operation vorbereitet. Sein Vater fragte mich noch, ob der Chirurg Christ sei. Zu diesem Zeitpunkt wußte ich es nicht, aber später stellte ich fest, daß er wirklich Christ war.

Nun hatte ich die schwere Aufgabe, unseren drei kleinen Kindern (zwölf, zehn und sieben Jahre alt) beizubringen, daß ihr Papi keineswegs Grippe hatte, sondern am Kopf operiert werden mußte. Ich sagte ihnen offen und ehrlich, daß er die Operation vielleicht nicht überleben werde. Wir beteten noch alle zusammen, dann ging ich wieder in die Klinik.

Es war ungeheuer tröstlich, in dieser Nacht so viele Freunde und Verwandte im Warteraum der Intensivstation zu sehen. Bestimmt waren es zehn bis zwanzig Leute. Meine Eltern waren zwölf Stunden gefahren, um herzukommen. Wir beteten miteinander, und ich wußte, daß auch an anderen Orten für uns gebetet wurde.

Als die Operation schon beendet war, sagte man uns, das Aneurysma sei geplatzt, als der Bereich gerade geöffnet worden war. Für drei Minuten mußte seine Hauptschlagader verschlossen werden, aber trotzdem sei alles den Umständen entsprechend gut verlaufen.

Als mein Mann gegen Mitternacht aus dem Aufwachraum auf die Intensivstation zurückgebracht wurde, gab er mir ein ermutigendes Handzeichen. Aber er war noch nicht außer Lebensgefahr. Die nächsten 78 Stunden blieb er in einem kritischen Zustand.

Am nächsten Tag eröffneten mir die Ärzte, er werde aufgrund des erlittenen Hirnschadens möglicherweise nicht mehr sprechen können. Ich war zunächst einmal dankbar, daß er überhaupt noch lebte. Die Diagnose hieß Apraxie und Aphasie. Das einzige, was er nach der Operation sagen konnte, war „nein". Er erkannte uns, aber unsere Namen wußte er nicht mehr.

Inzwischen sind sechzehn Monate vergangen. Mein Mann hat mit Hilfe einer Sprachtherapie große Fortschritte beim Sprechen gemacht – auch wenn es sehr langsam vorangeht. Wir sind sehr dankbar für die überwältigende Anteilnahme, die uns in Anrufen, Karten, Blumen, Besuchen und vielem anderen entgegengebracht wurde.

Jetzt können Sie sich bestimmt vorstellen, weshalb ich Ihr Buch „Spuren im Sand" mit so viel Freude gelesen habe. Gott sei gepriesen, von dem aller Segen kommt!

Donna, Florida

Das Gedicht „Spuren im Sand“ hat in meinem Leben viel bewirkt. Besonders viel Kraft hat es mir zu einer bestimmten Zeit meines Lebens gegeben, von der ich Ihnen berichten möchte.

Am 10. März 1991 hatten mein Verlobter und ich einen Autounfall. Ein Fahrzeug prallte mit über 100 Stundenkilometern auf unseren Wagen auf – und zwar auf der Beifahrerseite, wo ich saß. Meine Füße wurden eingeklemmt, ich war über und über mit Blut verschmiert und erlitt einen Schock.

Eigentlich sollte am 31. August, also fünfeinhalb Monate später, unsere Hochzeit sein – und jetzt lag ich schwerverletzt im Krankenhaus! Ich wurde genäht und von Kopf bis Fuß durchleuchtet. Mehrere Rippen und eine Schulter waren gebrochen, ich hatte etliche Zähne verloren, dazu eine gebrochene Nase und Wunden an Nase und Kinn. Außerdem hatte sich bei dem Unfall das obere Gewebe von meinem Zahnfleisch gelöst, so daß ich bis heute dort kein Gefühl habe.

Ich hatte mich schon so lange auf den Tag gefreut, an dem ich als glückliche Braut vor den Traualtar treten durfte, und nun schien es, als müßte ich mich noch mindestens ein weiteres Jahr gedulden!

In dieser Zeit holte ich mein Lesezeichen mit dem Gedicht „Spuren im Sand“ hervor. Unter Tränen las ich es immer und immer wieder. Die Hoffnung, daß Gott mich auch durch diese schwere Zeit meines Lebens tragen werde, war der einzige Gedanke, der mich durchhalten ließ. Ich hatte so viele Schmerzen, sowohl körperlich als auch seelisch … Ohne meinen Glauben hätte ich das vermutlich nicht überstanden.

Kurz nach unserem Unfall hatte meine Schwester Mary, die psychisch krank war, einen weiteren Nervenzusammenbruch. Würde meine Hochzeit wie geplant stattfinden können? Ich bekam jetzt Krankengymnastik, eine umfangreiche Zahnbehandlung, dazu gab es Streß in der Familie und die Hochzeitsvorbereitungen! Immer wieder las ich die „Spuren im Sand“ und bat Gott, mich durch diese Zeit zu tragen.

Die Zahnbehandlung war zwei Wochen vor meiner Hochzeit abgeschlossen. Die Schmerzen waren noch da, aber meine Narben konnte ich mit Make-up einigermaßen abdecken. Meine Schwester war zwar weiterhin in ärztlicher Behandlung, aber sie konnte wenigstens an der Feier teilnehmen. Die Hochzeit war wunderschön!

Ich denke, wenn uns irgendein Unglück trifft, dann brauchen wir etwas, das uns hilft, damit fertigzuwerden. Meine größte Hilfe war damals der Glaube an Gott und die Gewißheit, daß er mich immer tragen wird und daß darum alles gut wird, wenn ich ihm nur vertraue.

„Spuren im Sand" ist ein bemerkenswertes Gedicht, das für alle, die an Gott glauben – und manchmal sogar für Menschen, die nicht an ihn glauben! –, eine Hilfe sein kann, mit Schicksalsschlägen oder Hindernissen fertigzuwerden.

Ich bin sicher, daß dieses Gedicht schon sehr vielen Menschen Kraft gegeben hat. Und ich hoffe, daß noch viel mehr Menschen so tief davon berührt werden wie ich. Es wird auch weiterhin das Leben vieler Menschen verändern, denn es schenkt uns die Gewißheit, daß Gott über uns wacht, daß er uns führt – und daß er uns über die holprigen Wegstrecken unseres Lebens trägt.

Michele, British Columbia

*Alle, die ihre Hoffnung auf den Herrn setzen,*
*bekommen neue Kraft.*
*Sie sind wie Adler, denen mächtige Schwingen wachsen.*
*Sie gehen und werden nicht müde,*
*sie laufen und sind nicht erschöpft.*
Psalm 40, 31

*Da antwortete er:*
*„Mein liebes Kind, ich liebe dich*
*und werde dich nie allein lassen,*
*erst recht nicht in Nöten*
*und Schwierigkeiten.*
*Dort, wo du nur eine Spur gesehen hast,*
*da habe ich dich getragen."*

Endlich durchfärbte das Blau des Himmels die grauen Wolkenformationen und ließ die Hoffnung aufkeimen, daß der Frühling den Kampf gegen den Winter doch noch gewinnen würde. Der kalte Wind jagte knisternd einige Laubblätter am Straßenrand entlang. Die Sonne gewann jedoch zunehmend an Stärke und ließ die Schneeränder an den Straßen tauen, die dann, zu Wasseradern geschmolzen, in bizarren Formen den Asphalt überzogen.

Es war ein schöner Tag, ein Arbeitstag zwar, aber das warme Licht des kommenden Frühlings ließ die Seele aufatmen. Irgendwie lief alles reibungsloser. Die Zeit der grauen Kälte, der vereisten Straßen schien eine sichere Niederlage erlitten zu haben.

Als ich am Abend das Büro verließ, mein Auto aufschloß und mich hineinsetzte, verharrte ich kurz vor dem Anlassen des Motors. Wieder bot die Natur all ihre Schönheit auf, und ich wunderte mich über die Kreativität ihres Schöpfers, der mit wunderbaren Farben in gelb, orange, zartrosa und taubengrau den Abendhimmel bemalte, als habe er eine riesige Leinwand zu gestalten. Man hätte ihn einfangen müssen, diesen Augenblick. Ich bedauerte, keine Kamera dabeizuhaben, um wenigstens ein Stückchen davon zu konservieren. Als ich schließlich den Zündschlüssel herumdrehte, holte mich das sonore Brummen des Motors aus meinen Träumen.

Wie jeden Tag führte mich die knapp 30 Kilometer lange Fahrstrecke zuerst aus der Stadt und dann über einen langen Autobahnzubringer Richtung Nordwesten. Es war eine der Strecken, die man „im Schlaf“ kennt. Jeder Straßenabsatz, jede Bodenwelle oder jeder Teerflicken war da, wo er immer war. Ich bog von der Bundesstraße auf den Autobahnzubringer ab und fuhr dem Sonnenuntergang entgegen.

Die breite, mehrspurig ausgebaute Strecke ließ sich bequem mit 100 Stundenkilometern fahren, da sie sanft in eine langgezogene Linkskurve führte, die sich schließlich nach rechts winden und auf die Autobahn einmünden würde. Und doch gibt es Dinge, die die gewohnte Routine auf einmal durchschneiden. Die einen geradezu in Verwunderung versetzen, wenn die Logik keine Erklärung findet.

Mein Blick fiel auf den Tachometer, dessen Nadel sich ebenso wie die des Drehzahlmessers plötzlich senkte. 100 – 90 – 70 ...

Ein vorher nicht gekanntes Angstgefühl machte sich breit – ganz plötzlich und absolut grundlos, wie mir schien. Ich kannte hier jeden Meter, hätte die Strecke fast mit verbundenen Augen fahren können. Hier war vieles, aber sicher keine Angst angebracht. Und doch war sie in beklemmender Weise da. Und dann dieses lähmende Gefühl von Blei im rechten Bein, das es mir unmöglich machte, wieder zu beschleunigen. Ich fühlte geradezu, wie das Pedal von unten hochgedrückt wurde. Oder bildete ich mir das alles nur ein?

Ich rang nach Konzentration und blickte scharf auf die Instrumente des Armaturenbretts. Außer der Stellung der Tachonadel bei nur noch 60 km/h war nichts Unnormales festzustellen. Mein Blick glitt nach oben zum Rückspiegel. Nichts. Kein Auto zu sehen. Ich war allein. Und auch das schöne Himmelsszenario hatte sich verabschiedet. Statt dessen machte sich eine kühle Gräue breit.

Die sanfte Linkskurve führte kurz vor ihrer Richtungsänderung nach rechts unter einer Brücke hindurch. Eine hohe Böschung flankierte die Straße. Wie mechanisch schlich ich mit knapp 60 Stundenkilometern dahin, bis es plötzlich und ganz deutlich spürbar sehr „leicht" unter mir wurde. Das Auto verlor scheinbar jeden Halt unter den Rädern, das Heck kam herum. Meine Finger umklammerten das Lenkrad, und mehr instinktiv steuerte ich gegen. Bevor der Wagen sich vollends querstellen konnte, gab es einen unsanften Ruck – ich hatte wieder festen Boden unter mir.

Das Angstgefühl war wie weggeblasen, das Blei aus meinem Knie gewichen – und sogar das Gaspedal ließ sich wieder leicht treten. Ich versuchte, meine Sinne zu sortieren, nach einer Erklärung zu suchen und schaute zurück.

Die Böschung und die Brücke hatten in den frühen Abendstunden ihre Schatten auf die Straße geworfen, wodurch ein Anfrieren des Schmelzwassers begünstigt wurde. So hatte sich ein wenige Meter breiter vereister Streifen gebildet, eine tückische Falle, die ich soeben passiert hatte. Normalerweise fuhr ich gut und gerne 110 bis 120 Stundenkilometer an dieser Stelle. Weil sie so gut ausgebaut und ungefährlich war. Normalerweise.

Aber hier war etwas ganz „Unnormales" geschehen. Hier hatte jemand in meine Routine eingegriffen – und sich dabei simpler Kfz-Technik bedient. Dieser Jemand hatte mich auf die Geschwindigkeit abgebremst, mit der ich dieser Gefahrenstelle gerade noch begegnen konnte. Mit meinem üblichen Tempo wäre das Ganze sicher anders ausgegangen …

Als ich weiterfuhr, fielen mir einige Zeilen eines Gedichtes ein, das ich aus der Jungscharzeit kannte.

„Mein liebes Kind, ich liebe dich und werde dich nie allein lassen, erst recht nicht in Nöten und Schwierigkeiten. Dort, wo du nur eine Spur gesehen hast, da habe ich dich getragen."

Das Gedicht handelte vom Spaziergang eines Menschen mit Gott am Strand entlang und gab Antwort auf die Frage, warum Gott ihn scheinbar allein gelassen hatte, wo nur eine Spur sichtbar war.

Auch ich hatte hier eine Spur hinter mir. Zwar keine aus Sand, sondern aus heimtückischem Eis. Und ich hatte mich allein gefühlt. Aber ich hatte auch gefühlt, daß ich es irgendwie doch nicht war. Diese seltsame, lähmende Schwere im Bein, das langsamer werdende Auto. Ein Zufall?

„Ich liebe dich und werde dich nie allein lassen, erst recht nicht in Nöten und Schwierigkeiten."

Unsagbarer Dank füllte mein Herz. Ich fing an zu singen – und wunderte mich gleichzeitig über mich selbst. So etwas beim Autofahren zu tun, fand ich immer absolut albern. Aber nun ertappte ich mich dabei.

Ich staunte über Gottes Größe und seine Nähe trotz der immensen Ausmaße des Universums – nicht zuletzt, als der Mond mehr und mehr seine Rolle am Himmel behauptete und von der kommenden Nacht zeugte. Sein Anblick war auf einmal schöner als das Farbenspiel zuvor. Er hatte etwas Majestätisches an sich. Und wieder kam mir das Bruchstück des Gedichtes in den Sinn: „Ich werde dich nie allein lassen …"

Ralf Simon, Deutschland

*Wir setzen unsere Hoffnung auf den Herrn,*
*er steht uns bei und rettet uns.*
*Er ist unsere ganze Freude;*
*wir vertrauen ihm, dem heiligen Gott.*
Psalm 33, 20.21

Es war im März 1983, und mein Leben kam gerade wieder in Ordnung. Mein Mann und ich waren nach einer zwischenzeitlichen Trennung wieder zusammen und hatten unser zweites Kind bekommen. Mein jüngerer Bruder war im vergangenen Jahr zur Marine gegangen. Es ging ihm gut – bis wir jenen verhängnisvollen Anruf erhielten …

Man teilte uns mit, mein Bruder sei an Bord seines Schiffes vor der Küste von San Diego verwundet worden. Das war zunächst alles, was wir hörten. Was war genau geschehen? Auf dem Weg zum Marinekrankenhaus erfuhren wir die schockierende Wahrheit: Bei der

Suche nach einem Mann über Bord sei er von einem Flugzeug überrollt worden. Seine Beine seien dabei völlig zertrümmert worden – und gerade in diesem Augenblick würden ihm beide Beine amputiert.

Wir kamen ins Krankenhaus, wurden von einem Pfarrer begrüßt. Dann kam der Arzt heraus, um uns auf das vorzubereiten, was wir gleich sehen würden. Mein Bruder stand übrigens drei Wochen vor seinem dreiundzwanzigsten Geburtstag. Der Pfarrer fragte, ob er mit uns beten solle, und gab uns dann ein kleines Kärtchen. Darauf stand das Gedicht „Spuren im Sand“. Ich weiß noch, daß ich es zunächst etwas eigenartig fand, ausgerechnet dieses Gedicht zu bekommen, nachdem mein Bruder beide Beine verloren hatte … Aber ich klammerte mich an die Worte und an die Hoffnung, die sie mir gaben.

Mein Bruder wurde viermal wiederbelebt, bevor er für mehrere Monate in einem kritischen Zustand blieb. Wegen einer Infektion waren noch mehrere Amputationen nötig. Als alles vorüber war, reichten seine Beine nur noch bis zur Mitte des Oberschenkels. Im Krankenhaus gab man ihm für die Schmerzen Morphium.

Während dieser Zeit lernte er irgendwie Ihr Gedicht kennen. Ich weiß nicht, ob er es von mir oder vom Pfarrer gehört hatte; auf jeden Fall wollte er auch andere damit bekannt machen. Ich ging in den christlichen Buchladen und kaufte ihm eine Kachel, auf der das Gedicht stand. Er zeigte sie jedem, der sie sehen wollte, und erzählte von seiner Erfahrung zwischen Leben und Tod. Wir waren uns sicher, daß sein Leben aus einem besonderen Grund gerettet worden war. Vielleicht hatte Gott noch etwas mit ihm vor?

In seinem Wohnort wurde mein Bruder als Held gefeiert. Tapfer gab er sich Mühe, sein Leben zu meistern. Er überstand den Morphium-Entzug, die lebensbedrohlichen Infektionen und die vielen Schmerzen, aber er wird für den Rest seines Lebens an den Rollstuhl gefesselt sein.

Vor dem Unfall war mein Bruder ein guter Schlagzeuger. Er nahm viele Jahre Unterricht und wollte dieses Instrument eigentlich zu seinem Beruf machen. Aber nach dem Unfall schien dieser Traum vorbei zu sein. Dann lernte er einen Mann kennen, der ihm eine Vorrichtung baute, mit der er wieder so gut spielen konnte wie zuvor. Während seines einjährigen Krankenhausaufenthalts sagte mein Bruder immer wieder: „Eines Tages spiele ich mein Schlagzeug für Gott.“ Er hofft immer noch, daß er dieses Ziel erreicht.

Nachdem ich Ihr Buch gelesen hatte, tat es mir so leid, daß Sie Ihre Autorenrechte so lange nicht nachweisen konnten. Ich schreibe nämlich auch Gedichte und kann mir gut vorstellen, wie man sich da fühlt. Aber ich möchte Ihnen versichern, daß Ihr Gedicht meine Familie und mich genau zur rechten Zeit erreicht hat. Wenn Sie auch kein Honorar dafür erhalten haben – Gott hat Sie doch auf andere Weise belohnt!!

Laura, Kalifornien

*Verlaß dich nicht auf deine eigene Urteilskraft,*
*sondern vertraue voll und ganz dem Herrn!*
*Denke bei jedem Schritt an ihn;*
*er zeigt dir den richtigen Weg.*
Sprüche 3, 5.6

Über viele Jahre hinweg suchte ich nach einem Weg, meine Einsamkeit zu überwinden. Einmal bekam ich das Gedicht „Spuren im Sand“ geschenkt. Und es war, als würde Gott damit genau auf mein Problem antworten:

Am 15. April 1973 wurde ich in der Windhoeker Christuskirche konfirmiert. Für den Konfirmandenunterricht hatte ich von meinen Eltern eine Bibel geschenkt bekommen, die ich aber im Regal verstauben ließ.

Am 1. Juni 1983 wechselte ich zum Rundfunk über – und dort fing meine Suche nach Gott erst richtig an. Zu meinen Tätigkeiten als Tontechniker gehörte auch die Aufnahme von christlichen Rundfunkprogrammen: die täglichen Morgenandachten, das „Wort zum Sonntag“ oder aktuelle Sendungen „Aus der Welt des Glaubens“. Zum Teil waren diese Sendungen Eigenproduktionen, aber wir bekamen auch vom ERF in Pretoria Programm-Material zugesandt. Wir zeichneten nicht nur deutsche Sendungen auf, sondern auch solche in den verschiedenen Sprachen der Einheimischen. Deshalb rückten wir von Zeit zu Zeit sonntags aus, um Gottesdienste in Afrikaans aufzunehmen.

Durch diese verschiedenartigen christlichen Programme wurde mir die christliche Botschaft regelmäßig nahegebracht. Aber vom christlichen Glauben wollte ich in dieser Zeit noch nicht viel wissen.

Im Juni 1988 machte ich mich für zwei Monate auf nach Deutschland. Was für Außenstehende wie ein Urlaub aussah, war aber vielmehr eine Flucht: die Flucht vor dem Problem Einsamkeit. Ich flüchtete nicht nur vor meinen Problemen, sondern im Grunde auch vor Gott. Denn ich dachte, ich könnte Gott in meiner Heimat Namibia zurücklassen. Gott aber begegnete mir auch in Deutschland mit der Antwort:

*„Mein liebes Kind, ich liebe dich*
*und werde dich nie allein lassen,*
*erst recht nicht in Nöten und Schwierigkeiten.*

*Dort, wo du nur eine Spur gesehen hast,*
*da habe ich dich getragen.*"

Doch kaum war ich in Namibia zurück, da holten mich meine Probleme schnell wieder ein. Bis der 4. Oktober 1988 kam – der Tag, an dem mein Leben eine ganz neue Ausrichtung bekommen sollte. Ich übergab mein Leben Jesus, er ist nun der Herr meines Lebens geworden.

Ich schloß mich der Evangelischen Stadtmission in Windhoek an. Weil ich im Glauben wachsen wollte, absolvierte ich zwei Fernbibelkurse und besuchte eine Jüngerschaftsschulung.

Der Wunsch, ganz im Dienst Gottes zu stehen, wurde jedoch immer stärker. Also kam mir der Gedanke, eine Bibelschule zu besuchen. Aber welche Schule kam in Frage? In meiner Heimat Namibia war nur eine Ausbildung in Englisch oder Afrikaans möglich. Aber das konnte ich mir nicht vorstellen, ein Studium in meiner Muttersprache Deutsch würde mir leichter fallen. Aber dafür müßte ich nach Deutschland gehen, und das wollte ich nicht.

Dieser Entscheidungsprozeß war sehr schwer, ich betete intensiv um eine Klärung und rang dabei mit Gott. Und wieder antwortete mir Gott: „Mein liebes Kind, ich liebe dich und werde dich nie allein lassen ..."

Im Januar 1991 forderte ich die Ausbildungsunterlagen der Bibelschule Bergstraße an. Mit dem Eintreffen dieser Unterlagen fing für mich die Auseinandersetzung mit meiner Zukunft an. Monate gingen ins Land, da mir die endgültige Entscheidung so schwer fiel. Dann, im Januar 1992, schickte ich die Unterlagen ab. Nach geduldigem Warten traf endlich ein positiver Bescheid der Bibelschule ein. Für mich bedeutete dieser Bescheid einen klaren Ruf Gottes, dem ich dann auch gehorsam folgte.

Der Abschied von der Heimat, vor allem die Trennung von meinen Eltern und Geschwistern, fiel mir sehr schwer. Ich mußte viel Hohn und Spott über mich ergehen lassen, vertauschte ich doch meinen Beruf mit einem guten Gehalt gegen eine finanziell ungewisse Zukunft. In dieser schweren Zeit war Gott mir wieder besonders nahe: „Ich werde dich nie allein lassen, erst recht nicht in Nöten und Schwierigkeiten …"

Nach einer sehr harten Eingewöhnungszeit (ich wollte schon am zweiten Tag wieder aussteigen) erlebte ich während der Bibelschulausbildung manches Schöne und Schwere. Höhepunkte in dieser Zeit waren die Gemeindepraktika. Im Sommer 1996 konnte ich die Bibelschule dann mit Erfolg abschließen. Doch wie sollte es weitergehen? Mittlerweile war ich verheiratet und hatte ein einjähriges Kind. Wieder ging die Suche nach einem geeigneten Arbeitsplatz los.

Hunderte von Bewerbungen habe ich geschrieben und immer wieder Absagen bekommen. Da ist es schwer, nicht bitter zu werden, Gott nicht anzuklagen. Im Missionsland Deutschland wollte ich das Evangelium verkündigen, doch die Arbeitsplätze sind zu teuer. Auch in dieser Zeit der Enttäuschung und Anklage vernahm unsere Familie immer wieder Gottes Antwort: „Dort, wo du nur eine Spur gesehen hast, da habe ich dich getragen."

Ich weiß heute noch nicht, wie es weiter geht. Aber ich weiß genau, daß Gott seine Kinder liebt und sie nicht im Stich läßt. Dies durften wir immer wieder erleben. Wir dürfen Gott vertrauen und wissen: Wenn wir nur eine Spur im Sand sehen, dann trägt er uns.

Bernd Meissner, Deutschland

*Herr, zeige mir, welchen Weg ich einschlagen soll,*
*und laß mich erkennen, was du von mir willst!*
*Schritt für Schritt laß mich erfahren,*
*daß du zuverlässig bist.*
*Du bist der Gott, der mir hilft,*
*du warst immer meine einzige Hoffnung.*
Psalm 25, 4.5

Am 13. Dezember 1988 erkrankte ich an einer seltenen Krankheit, die als Guillain-Barré-Syndrom (GBS) bezeichnet wird. Beim Ausbruch der Krankheit, während des kritischen Stadiums und in der Plateauphase, die vor Beginn der Heilung eintritt, konnte ich nur wie ein Kind beten: „Herr Jesus, du guter Hirte, bitte trage mich, dein Schäfchen!" Vor meinem inneren Auge sah ich, wie Jesus ein Schäfchen trug – und das Schäfchen, das war ich! Ich dachte oft an Ihr Gedicht und stellte mir die Spur im Sand vor, während Jesus mich trug. Was für ein Trost!

GBS ist äußerst schmerzhaft, vor allem in der Plateauphase, die bei mir zwei Wochen dauerte. Es ist, als würde man von einem weißglühenden Feuerball verzehrt. Die Spritzen halfen nur zeitweise, denn ich konnte sie nur alle vier Stunden bekommen, und so lange wirkten sie nie. Während dieser schmerzhaften Wartezeiten flehte ich Gott an, daß er mich tragen solle. Aber eines Nachmittags betete ich anders: Ich bat Gott, mich spüren zu lassen, daß er mich wirklich trägt – und sofort wurde mir bewußt, daß ich in seinen Armen lag! Er hielt mich in seinem rechten Arm, so wie man ein kleines Kind trägt. Alles war friedlich und still. Ich war völlig schmerzfrei!

Ich habe keine Ahnung, wie lange dieses Erlebnis dauerte. Ich kann mich an die Umstände vor meinem Gebet erinnern, aber nicht daran, was unmittelbar danach war. Vielleicht ließ Gott mich einschlafen. Ich weiß nur, daß danach die Schmerzen weniger wurden.

Diese Erfahrung hat mein Glaubensleben verändert. Gott ist mir viel näher und vertrauter geworden. Vor dem Sterben habe ich nun keine Angst mehr; ich sehne mich sogar nach meiner himmlischen Heimat! Nun haben Sie gelesen, wie Gott Ihr Gedicht benutzt hat, um mir durch die dunkelsten Tage meines Lebens zu helfen. Vielleicht entschädigt Sie das ein wenig für den Verlust, den Sie empfanden, als andere mit Ihrem schönen Gedicht Geschäfte machten. Ich kann Ihnen nur Gottes Segen wünschen und ganz herzlich danken!

Joyce, Massachusetts

Als Sonderschullehrerin kümmere ich mich seit vielen Jahren um schwierige Jugendliche. Am meisten Mühe habe ich mir vielleicht mit einem Mädchen gegeben, das Sue heißt. Sue war 16 Jahre alt, als sie in meine Klasse kam. Zuvor war sie von allen möglichen Schulen verwiesen worden. Sie wohnte damals bei ihrer Mutter, aber sie hatte jahrelang die Besuche ihres alkoholkranken Vaters zu ertragen. Die Mutter lebte von der Sozialhilfe und kümmerte sich kaum um Sue. Daher verbrachte Sue die meiste Zeit auf der Straße.

Ich bemühte mich, möglichst viel Zeit mit ihr zu verbringen. In den Mittagspausen und nach dem Unterricht unterhielt ich mich lange mit ihr. Und ich bildete mir auch ein, kleine Fortschritte zu bemerken. Ich wollte Sue helfen, ihr Leben in den Griff zu bekommen und sich ein Ziel zu stecken.

Darum traf es mich wie ein Schlag, als Sue nach zwei Monate einfach fortlief. Zusammen mit ihrem Freund machte sie sich eines Nachts auf und davon. Ich hatte keine Ahnung, wo sie war oder in welchen Verhältnissen sie lebte, und hatte allen Anlaß, mir große Sorgen zu machen. Jetzt konnte ich nur noch für sie beten.

Ungefähr eineinhalb Jahre später erhielt ich einen Brief von Sue. Darin lag eine Kopie Ihres Gedichts „Spuren im Sand". Nachdem sie so tief gesunken sei, wie es tiefer nicht mehr ging, so schrieb Sue, habe sie sich an einiges erinnert, worüber wir geredet hatten. Zu dieser Zeit sei ihr auch das Gedicht in die Hände gefallen. Und schließlich habe sie erkannt, daß die einzige Möglichkeit, ihr Leben in Ordnung zu bringen und auf den richtigen Weg zu kommen, darin bestehe, sich von Gott „tragen" zu lassen.

Es war eine völlig veränderte Sue, die diesen Brief geschrieben hatte. Ich kann Ihnen gar nicht sagen, wie sehr ich mich darüber gefreut habe. Vielleicht freuen Sie sich auch?

Leta, New Brunswick

Schon seit langem kenne ich das mutmachende Gedicht „Spuren im Sand". Aber vor einigen Jahren erhielt es für mich eine neue Bedeutung, und ich hatte allen Grund, noch intensiver über die Aussage dieses Textes nachzudenken.

Im Jahr 1990 war ich mit meiner Familie in Kuwait – gerade während der Zeit, als der Irak angriff. Zusammen mit vielen anderen Ausländern wurden wir als Geiseln festgehalten. Das war eine grauenhafte Zeit für mich. Mein Mann wurde schon am zweiten Tag von uns getrennt, ich mußte mit meinen beiden Kindern – genau wie die anderen Frauen und Kinder – allein zurechtkommen. Es ist eine lange Geschichte, aber Gott sei Dank nahm alles ein gutes Ende.

Zwei Jahre nach diesem schlimmen Erlebnis hielt das Leben einen weiteren Alptraum für mich bereit. Ich war inzwischen im Glauben gewachsen und hatte mein Leben ganz in die Hände unseres Herrn Jesus gelegt. Ich war auch vorher schon zur Kirche gegangen, aber jetzt wollte ich, daß Gott in meinem Leben wirklich die wichtigste Rolle spielt. Man könnte sagen, es ging mir richtig gut, und ich war mit meinem Leben zufrieden. Ich ahnte nicht, daß mein Glaube schon bald schwer geprüft werden sollte.

Ende Oktober fand ich mich völlig unerwartet im Nervenkrankenhaus wieder. Diagnose: eine schwere posttraumatische Störung. Tag und Nacht hörte ich Stimmen, und ich war so krank, daß ich ständig bewacht werden mußte. Dies war mein absoluter Tiefpunkt.

Ich kann es gar nicht in Worte fassen, was für ein niederschmetterndes Gefühl das war. Erst wenige Wochen zuvor war ich bewußt Christ geworden – Sie können sich vielleicht vorstellen, wie verwirrt ich nun war. Ich gab mir große Mühe, diese Stimmen zu bekämpfen und mich wieder zu fangen, aber es war vergeblich. Ich hätte gerne in der Bibel gelesen, aber mein Sehvermögen war eingeschränkt, außerdem konnte ich mich nicht konzentrieren.

Zu dieser Zeit wurde mir allmählich klar, daß ich gar nichts tun konnte. Ich betete viel, aber auch das reichte nicht, weil mir immer diese Stimmen antworteten. Doch dann lernte ich etwas sehr Wichtiges: Ich hörte auf, alles selbst machen zu wollen, und übergab Gott das Steuer meines Lebens. Das fiel mir nicht leicht. Während des Golfkrieges war ich um meiner Familie willen stark gewesen und hatte mich daran gewöhnt, stark zu sein. Aber jetzt mußte ich mir eingestehen, daß ich schwach und hilflos war. Und tatsächlich: In meiner größten Schwachheit fand ich im Herrn Jesus meine größte Stärke.

Damals wußte ich noch sehr wenig über das, was Gott in der Bibel sagt. Aus der Kirche hatte ich nur einige der geläufigen Bibelworte in Erinnerung. Ein Vers jedoch kam mir in den Sinn, der mir eine große Hilfe war: „Seid stille und erkennet, daß ich Gott bin!" Es ist ein sehr kurzer Vers, aber er sagt alles.

Ganz langsam wurde ich wieder gesund und konnte zu meiner Familie zurückkehren. Mein Mann war sehr erleichtert, denn eine Zeitlang hatte er schon gedacht, er hätte mich für immer verloren.

Nun etwas Merkwürdiges: Als ich aus der Klinik nach Hause kam und gleich den Vers nachschlagen wollte, konnte ich ihn in unserer Bibel nicht finden. Das verunsicherte mich. „Vielleicht hast du dir den Vers selbst ausgedacht!" dachte ich. Erst ein paar Monate später, als ich eine andere Bibelübersetzung in die Hand bekam, fand ich diesen Vers – im 46. Psalm. Im vergangenen Jahr bekam ich meine erste eigene Bibel, in der ich unterstreichen und an den Rand schreiben kann. Ich liebe meine Bibel und lese sie jetzt jeden Tag.

Das Gedicht „Spuren im Sand" bedeutet mir sehr viel, denn es faßt genau das in Worte, was ich erfahren habe: Gott hat auch mich in meiner tiefsten Verzweiflung und Hilflosigkeit getragen, bis ich wieder selbst gehen konnte. Erst dann, als ich wirklich stark genug war, stellte er mich ganz behutsam auf die Füße. Dann führte er mich solange an der Hand, bis ich wieder laufen konnte, ohne zu fallen. Wie wunderbar ist es, auf Gottes Zusagen zu vertrauen und zu wissen, daß wir nie allein sind, was immer auch geschieht.

Und diese Spuren im Sand … ja, sie werden immer da sein. Jesus begleitet uns auf allen unseren Wegen, und wenn wir seine Spur nicht mehr sehen, dann dürfen wir wissen, daß dies die Zeit ist, in der wir getragen werden.

Diesen Vergleich nehme ich manchmal zu Hilfe, um anderen zu erklären, wie nahe uns Gott ist und wie sehr er jeden einzelnen von uns liebt. Natürlich hätte ich mir niemals gewünscht, so schwere Zeiten durchzumachen. Aber durch sie ist mein Glaube so gestärkt worden, daß ich sie jetzt nicht mehr missen möchte.

Sheila, England

Vor neun Jahren hatte mein Mann einen schweren Unfall. Wir konnten keinesfalls sicher sein, daß er durchkommen würde. Aber Gott schenkte mir trotz dieser Situation eine solche Ruhe, daß meine Bekannten sich wunderten. Sie wissen nämlich, daß ich sonst leicht in Panik gerate.

In dieser Zeit zeigte mir eine Freundin das Gedicht „Spuren im Sand". Ich las es, schaute sie an und sagte: „Genau so ist es bei mir. Gott trägt mich." Und er hat mich seither viele Male getragen! Mein Mann wurde, Gott sei Dank, wieder gesund.

Ich freue mich so über dieses Gedicht! Wieviele Menschen hat es schon in schweren Zeiten getröstet! Wir haben in den vergangenen Jahren einige schlimme Dinge erlebt. Aber Gott ist treu, und er hat uns die ganze Zeit getragen. In solchen Zeiten lernen wir ihn auf eine ganz besondere Weise kennen.

Ich danke Gott, daß wir durch Jesus eine Hoffnung haben, die uns niemand wegnehmen kann.

Cathie, Quebec

Mit 7 Jahren erkrankte unsere Tochter Monika plötzlich an einer schweren rheumatischen Krankheit aus dem Formenbereich „fiebriges Gelenkrheuma". Sorgenvolle Wochen und Monate folgten, Krankenhausaufenthalte, schließlich ein achtzehnmonatiger Aufenthalt in der Rheuma-Kinderklinik in Garmisch-Partenkirchen.

Als es ihr etwas besser ging, fertigte sie in der Klinik Marienkäferkarten an. Sie tropfte mit einer roten Kerze Punkte auf eine Karte und malte später mit einem schwarzen Filzstift Kopf und Beine an die Punkte. Sechshundert von diesen Marienkäfer-Karten verkauften Ursula und ihr Cousin für die „Aktion Sorgenkind". Das Geld wurde nach Bonn überwiesen, und Monikas ganzer Stolz war ein Dankesschreiben der damaligen Gesundheitsministerin Frau Dr. Focke!

Sechs Wochen nach diesem Aufenthalt in der Kinderklinik mußte Monika erneut aufgenommen werden, um die hohe Cortison-Dosis zu reduzieren. Es gab ein einziges Auf und Ab in ihrem Befinden – und uns als Eltern wurde immer mehr bewußt, daß wir selbst ein „Sorgenkind" hatten.

Monika war trotz ihrer Schmerzen sehr tapfer. Sie stellte natürlich auch die Frage: „Warum ich?" – eine Frage, auf die niemand eine Antwort geben konnte. Mein Mann und ich hatten oft das Gefühl, daß Gott sehr weit von uns entfernt war. Von Gottes großer Güte und Barmherzigkeit spürten wir nichts in unserem großen Kummer.

Eine weitere Sorge kam hinzu: Die vielen Klinikaufenthalte und die damit verbundene Trennung von der Familie führten eines Tages zu einer Magersucht bei Monika. Sie wog noch 14 Kilogramm – und niemand glaubte an ein Überleben. Monika wurde monatelang in der psychosomatischen Klinik in Göttingen behandelt. Einer sehr lieben Schwester, die Elternstelle vertrat, konnten wir verdanken, daß unser Kind diese Zeit überlebte. Überhaupt lernten wir in den sechzehn Jahren der Krankheit unserer Tochter wertvolle Menschen kennen, die uns zur Seite standen und auch heute noch Freunde der Familie sind.

Nach kurzer Besserung verschlechterte sich erneut die schwere rheumatische Krankheit. Es traten Fieberschübe auf und eine Herzinsuffizienz. Trotzdem vertraute Monika immer wieder auf die Hilfe Gottes. Sie gab ein Beispiel ihres so tiefen Glaubens an Christus. Eines Tages sagte sie uns: „Seid nicht traurig, wenn ich sterbe. Betrachtet es dann als meine Erlösung. Christus ist für uns den Weg des Leidens gegangen, und er hat sich mich zum Leiden ausgesucht."

Dieses Beispiel ihres Lebens hat uns als Eltern sehr geprägt. Mein Mann stand mir in den vielen Jahren hilfreich zur Seite in der Betreuung und Pflege von Monika. Ohne seine Zuwendung hätte ich die leidvollen Jahre nicht verkraftet. Monika starb vor fünfzehn Jahren, nachdem wir sie sechzehn Jahre auf ihrem schweren Lebensweg begleiten durften.

Die Geschichte „Fußspuren im Sand", die wir wenige Tage vor dem Tod unseres geliebten Kindes von einer Freundin bekamen, gibt uns noch heute Trost und Kraft.

Gisela Hamann, Deutschland

*Denn obwohl uns die Schwierigkeiten*
*von allen Seiten bedrängen,*
*lassen wir uns nicht von ihnen überwältigen.*
*Wir sind oft ratlos, aber nie verzweifelt.*
2. Korinther 4, 8

Als ich das Gedicht „Spuren im Sand“ zum ersten Mal las, gefiel es mir schon sehr gut, aber damals hatte es noch keine persönliche Bedeutung für mich. Das änderte sich im Herbst 1989, als wir eine Reise nach England und Schottland machten.

Auf einer zweispurigen Schnellstraße näherten wir uns der schottischen Stadt Pitlochry. Ich studierte die Karte, und als ich aufblickte, befanden wir uns – zu meinem großen Schrecken – auf der rechten Straßenseite, und ein Fahrzeug kam mit rasender Geschwindigkeit auf uns zu. Ich wußte, es würde einen Frontalzusammenstoß geben. Ohne zu überlegen ergriff ich das Lenkrad, riß es herum, von der Straße weg, eine Böschung hinunter und in einen Graben hinein.

Als das Auto zum Stillstand kam, schrie mein Mann, noch unter Schock, laut auf. Ich konnte nur immer wieder sagen: „Wir leben noch, wir leben noch!“ Am Ende umarmten wir uns mit Tränen in den Augen. Ich war so dankbar, daß wir vor etwas bewahrt worden waren, was bestimmt ein tragischer Unfall gewesen wäre.

Seltsamerweise waren wir in keiner Weise verletzt. Und auch unser Wagen, von dem wir dachten, er sei sicher ziemlich beschädigt, hatte nur ein paar harmlose Kratzer abbekommen. Wir konnten ihn sogar selbst aus dem Graben fahren und brauchten keinen Abschleppwagen zu rufen. Der Schreck saß uns noch in den Gliedern, aber wir dankten Gott, daß wir noch am Leben waren.

Zu dieser Zeit kam mir Ihr Gedicht wieder in den Sinn, das ich früher einmal irgendwo gelesen hatte. Ich wollte es unbedingt noch einmal lesen und war erst zufrieden, als ich es in Händen hielt. Auf einmal hatten die Worte für mich eine persönliche Bedeutung. Sie gingen mir sehr zu Herzen. Ich habe in meinem Leben immer die Gegenwart Gottes gespürt, aber ich glaube, daß Gott dort in Schottland auf besondere Weise in unser Leben eingegriffen hat. Er hat unser Auto sozusagen „getragen“ und uns in Sicherheit gebracht.

Evelyn, Ontario

Gott weiß stets, was gut für uns ist, und schwere Wege sind manchmal notwendig, damit wir näher zu ihm hinwachsen. Gerade in den letzten beiden Jahren habe ich das wieder ganz deutlich gespürt.

Im vorigen Jahr verlor mein Mann – krankheitsbedingt – seinen Arbeitsplatz. Ich brauche wohl nicht näher zu erläutern, was das heutzutage bedeutet, wenn man mit achtundvierzig Jahren arbeitslos wird. Wir haben eine schwere Zeit durchgemacht. Auch mich hat die ganze Sache ziemlich mitgenommen. Und trotzdem habe ich gespürt: Gott meint es sicher gut mit uns. Ich fühlte mich keinesfalls von Gott verlassen und wußte, daß er bei uns ist.

Als ich in diesem Jahr meinen fünfzigsten Geburtstag feierte, fand ich unter vielen liebevollen Geschenken auch eine Karte mit dem Gedicht „Spuren im Sand", das ich zu dem Zeitpunkt noch nicht kannte. Ich las dieses Gedicht – und kann gar nicht sagen, wie gut mir das tat! Von ganzem Herzen wurde mir klar, daß auch wir von Gott so wunderbar hindurchgetragen werden.

Ein halbes Jahr später entdeckte ich auch das Buch zu diesem Gedicht und las es mit Begeisterung. Das Gedicht nehme ich öfters in die Hand und lese es immer wieder durch. Es schenkt mir viel Kraft und immer wieder neues Vertrauen zu unserem Herrn. Deshalb möchte ich es noch oft als Geschenk an andere weitergeben, denn ich wünsche mir von Herzen, daß noch viele Menschen den Weg zu Gott finden und an ihm festhalten.

Meinem Mann geht es übrigens inzwischen Stück für Stück besser. Vielleicht kann er bald wieder – zunächst auf therapeutischem Wege – anfangen zu arbeiten.

So stelle ich immer wieder aus eigener Erfahrung fest: Wir müssen Gott unser volles Vertrauen schenken. Es gibt doch nichts Schöneres, als vertrauensvoll an seiner Hand durch das Leben zu gehen.

G. K., Deutschland